(N° 262) COLLECTION DE M. CHARLES BERMOND

18 MARS 1912

Vente du Lundi 18 au Vendredi 22 Mars 1912

HOTEL DROUOT — SALLE N° 10

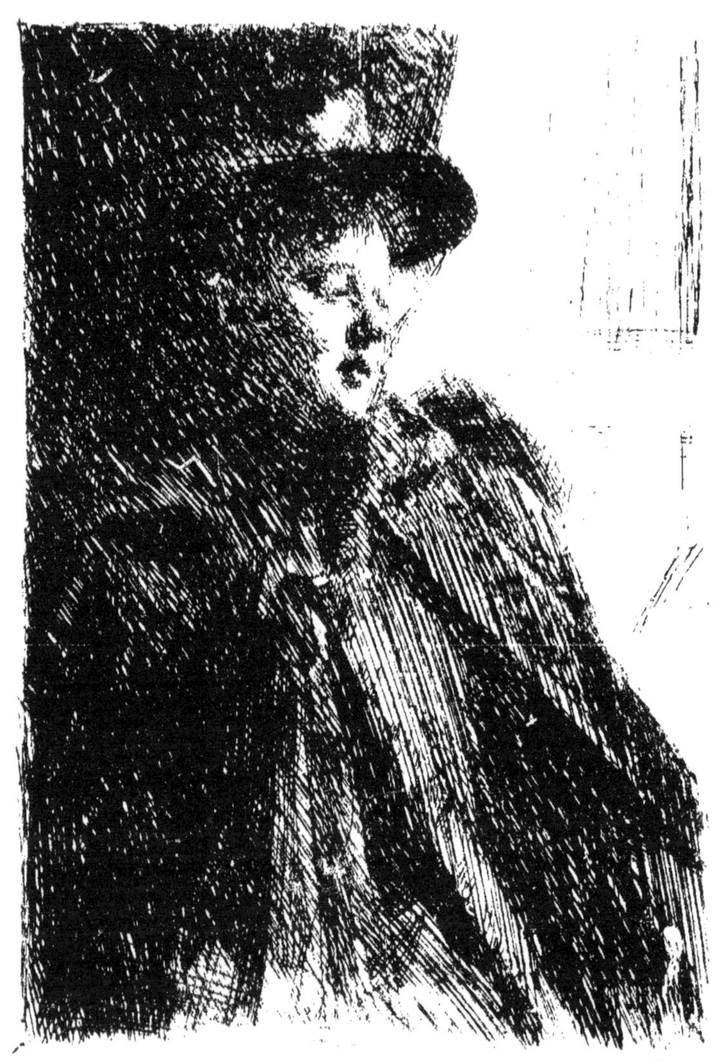

N° [illegible] du Catalogue

ESTAMPES
ANCIENNES & MODERNES

Me ANDRÉ DESVOUGES, — M. LOYS DELTEIL

EXPOSITION PUBLIQUE, HOTEL DROUOT, SALLE N° 10, *le Dimanche 17 Mars 1912, de 2 à 6 h.*

FRAZIER-SOYE

GRAVEUR-IMPRIMEUR

153-155-157, Rue Montmartre

PARIS

CATALOGUE

DES

ESTAMPES

ANCIENNES

&

MODERNES

Composant la Collection de M. CHARLES BERMOND

Dont la vente aura lieu

à Paris, HOTEL DROUOT, Salle N° 10

Du Lundi 18 au Vendredi 22 Mars 1912

à 2 heures précises

Par le Ministère de Me ANDRÉ DESVOUGES,

COMMISSAIRE-PRISEUR

26, *Rue de la Grange-Batelière*

Assisté de M. LOYS DELTEIL, Graveur et Expert

2, *Rue des Beaux-Arts*

EXPOSITION PUBLIQUE, HÔTEL DROUOT, SALLE N° 10

Le Dimanche 17 Mars de 2 à 6 heures.

CONDITIONS DE LA VENTE

Elle sera faite au comptant.

Les adjudicataires paieront *dix pour cent* en sus des enchères.

M. Loys Delteil remplira les commissions que voudront bien lui confier les amateurs ne pouvant y assister.

MM. les amateurs pourront visiter la collection, 2, *rue des Beaux-Arts*, du Lundi 11 au Samedi 16 Mars 1912, de 2 heures à 5 heures.

Exposition publique, Hôtel Drouot, Salle n° 10

Le Dimanche 17 Mars de 2 à 6 heures.

ORDRE DES VACATIONS

Lundi 18	Nos 1 à 184
Mardi 19	Nos 185 à 389
Mercredi 20.	Nos 390 à 580
Jeudi 21	Nos 581 à 776
Vendredi 22	Nos 777 à la fin.

DÉSIGNATION

XVIe & XVIIe SIÈCLES

ALDEGRAVER (H.)

1. La Vierge debout (50). Très belle épreuve.

BÉGA (C.)

2. La Jeune cabaretière carressée (B. 34) — La Vieille Aubergiste (32). Deux pièces. Belles épreuves.

BEHAM (Barth.)

3. La Vierge à la Fenêtre (B. 8). Belle épreuve.

BEHAM (H. S.)

4. Adam et Eve chassés du Paradis (B. 7) — La Patience (138) — Le Paysan à la fourche et son compagnon (188-189). Quatre pl. Belles épreuves.

BELLA (S. della)

5. *Desseins de quelques conduites de Troupes canons*, suite complète de 12 pl. (y compris le titre). Belles épreuves.

BERGHEM (Nicolas)

6. Les trois Vaches en repos (B. 3). Très belle épreuve. Rare.

7. Le Joueur de Cornemuse, pl. dite le *Diamant* (4). Très belle épreuve (legères cassures, angles du haut).

8. L'Homme monté sur l'âne (5). Très belle épreuve. Très rare.

9. Le Pâtre jouant du flageôlet (6). Très belle et rare épreuve du 1er état — Le Troupeau traversant le ruisseau (9). Deux pièces.

BOSSE (Abraham)

10. Histoire de l'Enfant prodigue (D. 34-39). Suite de 6 pl. Belles épreuves.

11. La Joye de la France (1226). Très belle épreuve.

12. La Fortune de la France — Les Comédiens de l'Hôtel de Bourgogne — La Maîtresse d'Ecole — Vester les nuds — Visiter les Prisonniers. Cinq pl. Très belles épreuves.

BOYVIN (René)

13. Bucer (M.) (103) — Hus (Jean) (108) — Luther (M.) (110) — Marot (Cl.) (111) — Melanchton (Ph.) (115). Cinq pièces. Belles épreuves.

BRY (Th. de)

14. Fonds de coupes. Quatre pièces. Très belles épreuves.

CALLOT (Jacques)

15. La Sainte Famille à table (65) — Exercices militaires, titre et 12 pl., soit 13 pièces. Belles épreuves.

16. Le grand Rocher (616). Très belle épreuve. Très rare.

17. Le Jeu de boules ou la foire de Gondreville (623). Très belle épreuve du 2e état, *avant* l'adresse.

18. La Grande Foire de Florence, 2e pl. (625). Epreuve doublée.

19. Les Supplices (665) — La Petite Vue de Paris (712), 4e état. 2 pl. Belles épreuves.

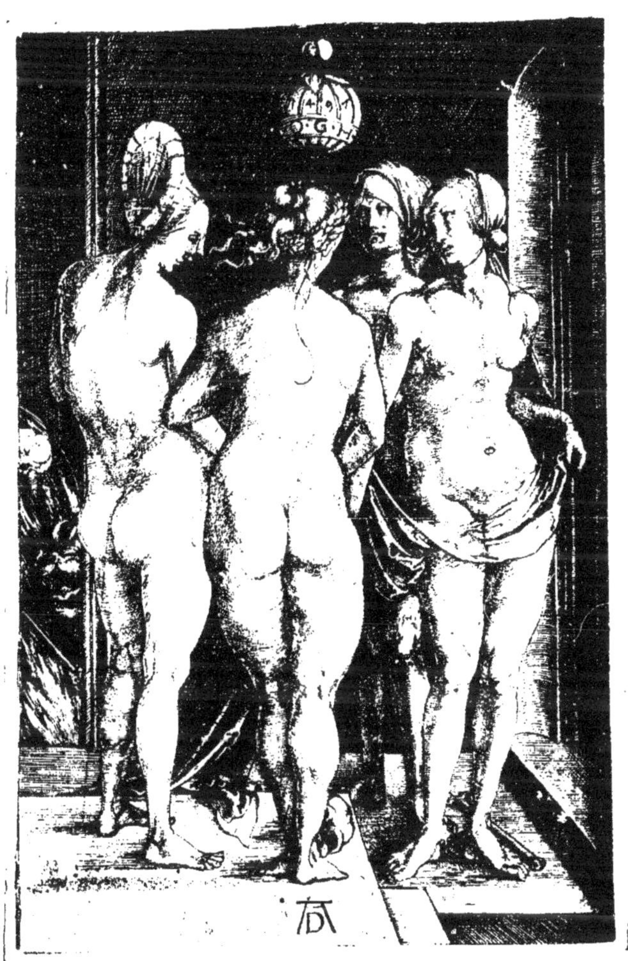

N° 31 du Catalogue.

20. Les Bohémiens (667-670). Suite complète de 4 pl. Très belles épreuves du 2e état, *avant* toute adresse.

21. Les deux grandes Vues de Paris, copies publiées par Gagnière. Deux pièces. Très belles épreuves.

CASA (N. della)

22. Bandinelli (B.) (R. D. 2). Très belle épreuve.

23. Cosme de Médicis, 1544 (4). Belle épreuve.

DALEN (Cormelis van)

24. Aretin (P.) — Boccace (J.) — Piombo (S. del) — Barbarelli. Suite de 4 pièces, d'apr. le Titien. Très belles épreuves.

25. Barbarelli, dit le Giorgione. Très belle épreuve.

DREVET (P.)

26. Serre (Maria), d'apr. H. Rigaud (110). Très belle épreuve.

27. Le même portrait. Belle épreuve.

DURER (Alb.)

28. L'Enlèvement d'Amymone (72). Belle épreuve.

29. L'Effet de la Jalousie (73). Superbe épreuve avec petite marge.

30. La Mélancolie (74). Copie.

31. Le Groupe des quatre Femmes nues (75). Très belle épreuve (petite restauration).

32. Frédéric, électeur de Saxe (104). Belle épreuve.

DUSART (Cornélis)

33. La Kermesse (B. 16.) — Le Joueur de violon assis (15). Deux pièces. Belles épreuves.

DYCK (Ant. van)

34. Le Titien et sa Maîtresse (D. b.). Très belle épreuve (sans marges sur 3 côtés).

35. Noort (A. van) (8). Très belle épreuve de la collection P. Casimir-Perrier.

36. Snellincx (J.) (10). Belle épreuve.

37. Wael (J. de) (16) — Pontius (P.) (9) — Momper (J. de) (7). Trois pièces. Belles épreuves.

38. Médicis (Marie de), par P. Pontius (60). Très belle épreuve, *avec* l'adr. d'Enden.

39. Charles Ier, Roi d'Angleterre — Henriette-Marie, Reine d'Angleterre. Deux pièces, par P. de Jode, se faisant pendants. Très belles épreuves.

40. J. Callot — H. Van den Eynden — A. Brauwer — Peiresc — J. Lipse — Ph. de Gusman — P. Pontius — Maria Ruten. Neuf pl. par Vorsterman, Bolswert, Pontius. Belles épreuves.

ÉCOLES ANCIENNES

41. Etudes de Chevaux, par P. Potter — Animaux, par N. Berghem — Le Christ aux outrages, par Goltzius — Comédie italienne, d'apr. Callot. Ensemble 16 pl. Belles épreuves.

EDELINCK (Gérard)

42. Bossuet (J. B.), d'apr. H. Rigaud (150). Très belle épreuve du 1er état.

43. Bussy-Rabutin (R. de), d'apr. C. Le Febvre (162). Belle épreuve.

44. D'Hozier (Ch.), d'apr. H. Rigaud (184). Très belle épreuve.

45. Le Brun (Ch.), d'apr. N. de Largillierre (238). Très belle épreuve.

46. Rigaud (H.), d'apr. lui-même (303). Très belle épreuve.

47. Silvestre (Israël), d'apr. C. Le Brun (319). Très belle épreuve des collections P. Mariette, Didot, Casimir-Perrier.

FALCK (Jérémias)

48. Dilgerus (Daniel), d'apr. S. Wagener. Très belle épreuve de la coll. Didot.

49. Louis XIII — Anne Marie d'Orléans-Montpensier. Deux pièces d'apr. J. d'Egmont, se faisant pendants. Très belles épreuves.

GAULTIER (Léonard)

50. Henri IV, à cheval — Espernon (Duc d') — Villamont (J. de) — Amyot (J.). Quatre pièces. Très belles épreuves.

GOLTZIUS (H.)

51. La Circoncision (B. 18). Belle épreuve.

52. Les Péchés Capitaux. Suite complète de 7 pl. Très belles épreuves des collections Behague et Galichon.

53. Pallas, Vénus et Junon (62-64). Suite complète de 3 pl. par J. Saenredam. Très belles épreuves.

54. Henri IV, roi de France (173). Belle épreuve du 2e état (petite cassure).

55. Decker (Catherine) (210). Très belle épreuve de la collection Didot.

GRANTHOMME (J.) — PICQUET — FERDINAND

56. Henri III — Molière (Franç. de), d'apr. Du Monstier — Poussin (N.). Trois pièces. Très belles épreuves.

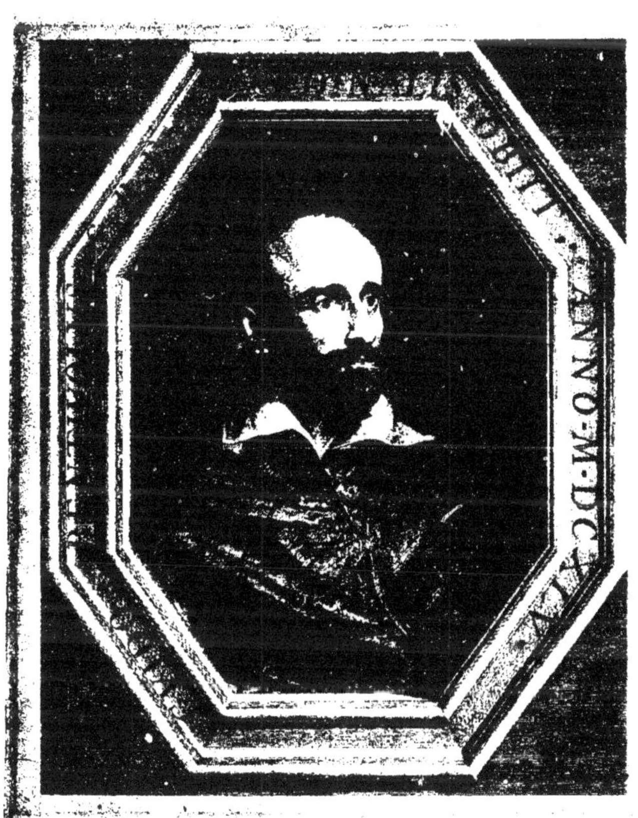

N° 86 du Catalogue.

HACKERT (Jean)

57. Différents Paysages (B. 1-6). Suite complète de 6 pl. Très belles épreuves.

HOLBEIN LE JEUNE (Hans)

58. Erasme de Rotterdam (Pass. 57). Très belle épreuve.

HOLLAR (Wenceslaüs)

59. La Cathédrale d'Anvers, 1649. Belle épreuve du 1er état.

HONDIUS (Henri)

60. Marie de Médicis, 1628. Belle épreuve.

JEGHER (Christoffel)

61. Silène ivre, d'apr. Rubens. Belle épreuve du 1er état de la collection Didot.

LENFANT (Jean)

62. Nesmond (Guil. de), 1664 — Le Maistre (Gilles), 1662 — Manessier (Ch.). Trois pièces. Très belles épreuves (petite cassure à la 2e pl.).

LEU (Th. de)

63. Argentré (Bertrand d') (R. D. 300). Très belle épreuve du 1er état.

64. Bar (Henri de Lorraine, duc de) (307). Très belle épreuve du 1er état.

65. Gontaut-Biron (Ch. de) (317) — Joyeuse (Anne de) (424) — Nevers (Ch. de Gonzague, duc de) (469). Trois pièces. Belles épreuves.

66. Catherine de Médicis (332) — Henri III (392). Deux pièces.

67. Conti (Jeanne de Coesme, Psse de), d'apr. Quesnel (350). Très belle épreuve du 1er état.

68. Henri IV, roi de France (396). Très belle épreuve.

69. Henri IV, d'apr. Isaac Fournier (412). Très belle épreuve des collections Didot et L. Galichon.

70. Luillier (Jean) (447). Superbe épreuve *avant* les vers.

71. Conty (François de Bourbon, Prince de) — Louis XIII, 2 pl. Belles épreuves.

LOUYS (Jacob)

72. Louis XIII et Anne d'Autriche. Deux pièces d'apr. Rubens, se faisant pendants. Belles épreuves, *avant les n*os.

73. Philippe IV et Elisabeth de France, son Epouse. Deux pièces d'apr. Rubens, se faisant pendants: Très belles épreuves, *avant les n*os, de la coll. Didot.

74. Philippe, Duc de Bourgogne, d'apr. Soutman. Très belle épreuve.

MASSON (Ant.)

75. Brisacier (Guill. de), d'apr. N. Mignard (R. D. 15). Très belle épreuve.

76. Charrier (Gasp.), d'apr. T. Blanchet (10). Très belle épreuve.

77. Nostre (André Le), d'apr. C. Maratte (55). Très belle épreuve.

78. Patin (Gui), 1670 (59). Très belle épreuve.

MATHAM (Th.)

79. Cracht (Stephan), d'apr. J. Spilberg. Très belle épreuve de la collection Didot.

MÉDICIS (Marie de)

80. Buste de Jeune Femme (R. D. 1). Superbe épreuve. Très rare.

MONTCORNET — DARET — ODIEUVRE

81. Personnages célèbres, 55 pl. Très belles épreuves.

MOOR (Carel de)

82. Miéris (F.). Très belle épreuve.

MORIN (Jean)

83. Anne d'Autriche, d'après P. de Champaigne (R. D. 41). Très belle épreuve.
84. La même estampe.
85. Arnauld d'Andilly (R.), d'après Ph. de Champaigne (42). Très belle épreuve.
86. Bentivoglio (Guido), d'apr. A. van Dyck (43). Très belle épreuve.
87. Borromée (St Charles) (45) — Sales (St François de) (73). Deux pièces. Très belles épreuves.
88. Bourbon-Conti (Arm. de), d'apr. J. d'Egmont (47). Très belle épreuve des collections Didot et Casimir-Perier.
89. Franck (Jérôme) (52). Très belle épreuve.
90. Gondy (J. F. Paul de), d'apr. Ph. de Champaigne (54). Très belle épreuve.
91. Louis XI (63). Très belle épreuve (piquée).
92. Louis XIII, d'apr. Ph. de Champaigne (64). Très belle épreuve.
93. Philippe II, roi d'Espagne, d'apr. Titien (71). Belle épreuve.
94. Richelieu (Cardinal de) (72). Très belle épreuve.
95. La même estampe.
96. Talon (Omer), d'apr. Ph. de Champaigne (74). Très belle épreuve.
97. Thou (Aug. de) (77) — Thou (J. A de) (79). Deux pièces. Très belles épreuves.

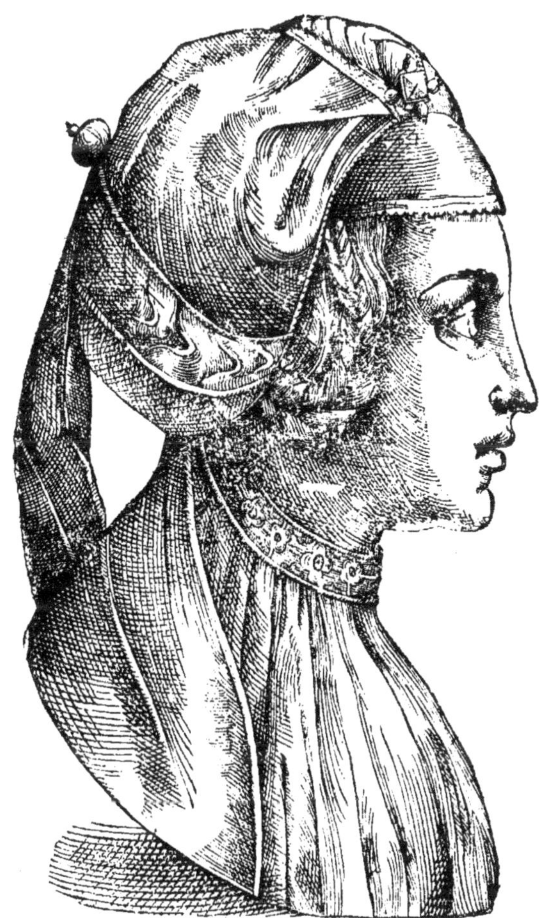

N° 80 du Catalogue.

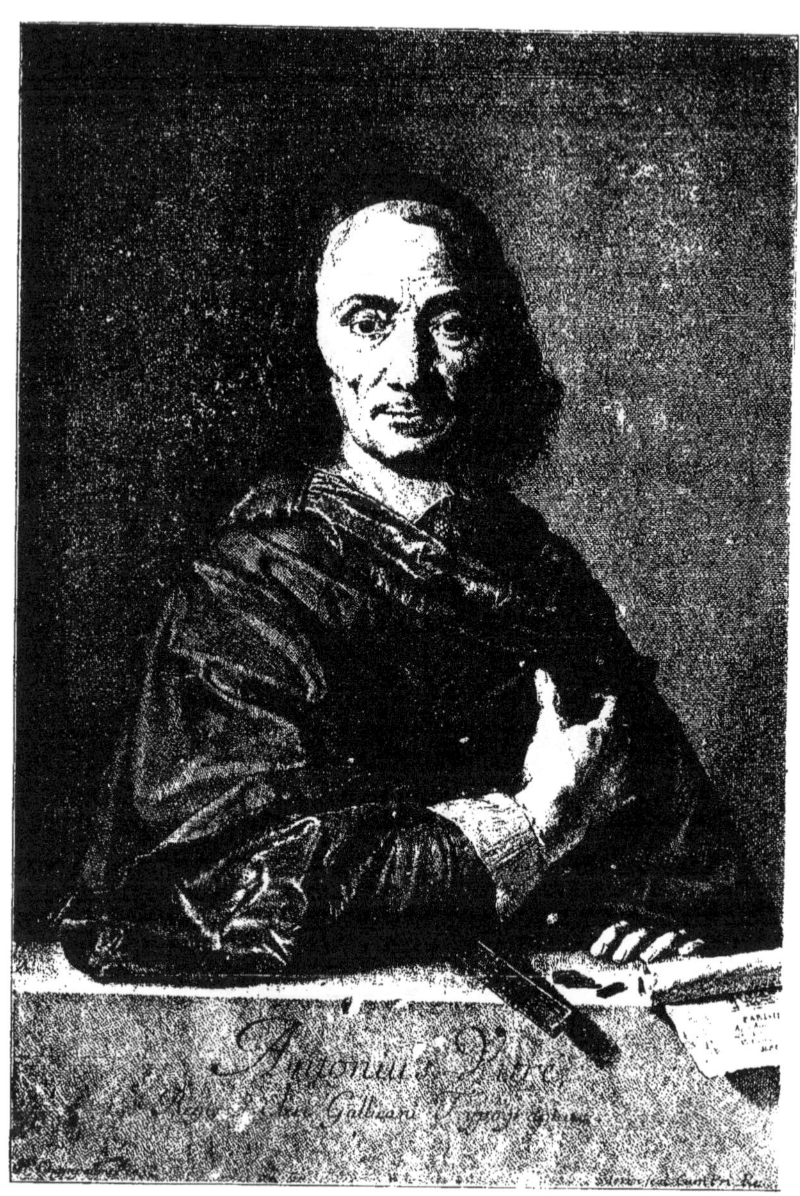

N° 100 du Catalogue.

98. Verger de Hauranne (J. Du), d'apr. Ph. de Champaigne (82). Très belle épreuve.

99. Villeroy (N. de Neufville, Mis de) (87). Très belle épreuve.

100. Vitré (Ant.), d'apr. Ph. de Champaigne (88). Très belle épreuve.

101. La même estampe. Très belle épreuve.

102. Marie de Médicis, d'apr. Pourbus (4 de l'app.) Très belle éppeuve.

103. Brachet de la Milletière (48) — Franck (Jérôme) (52). Deux pièces. — Belles épreuves.

NANTEUIL (Robert)

104. Beaufort (Fr. de Vendôme, Duc de), d'apr. Nocret (33). Très belle épreuve du 1er état.

105. Christine de Suède, d'apr. S. Bourdon (67). Très belle épreuve.

106. Colbert (J. B.) (72). Très belle épreuve du 2e état (sur 3).

107. Hesselin (Louis) (110). Très belle épreuve du 1er état.

108. La Chambre (Marin Cureau de) (116). Très belle épreuve du 2e état (sur 4).

109. Loret (Jean) (150). Superbe épreuve, *avant* la virgule. Rare.

110. Louis XIV (153). Très belle épreuve du 1er état.

111. Louis XIV (156). Belle et très rare épreuve du 1er état (l'angle inférieur droit refait).

112. Louise-Marie, Reine de Pologne, d'apr. J. d'Egmont (164). Très belle épreuve.

113. Mazarin (177). Très belle épreuve.

114. Menage (G.) (188), 1er état — Voiture (V. 234), 2 pl. Belles épreuves.

115. Molé (Franç.) (195). Très belle épreuve de la coll. F. Debois.

116. Novion (N. Potier de) (205). Belle épreuve du 2ᵉ état (sur 4).

117. Péréfixe de Beaumont (H. de) (215). Très belle épreuve.

118. Scudéry (G. de) (221). Très belle épreuve du 1ᵉʳ état.

119. Séguier (Pierre), d'apr. Ch. Le Brun (223). Superbe épreuve du 1ᵉʳ état.

120. Talon (Denis) (228). Belle épreuve.

OSTADE (Adr. van)

121. Le Charcutier (B. 41). Très belle épreuve.

PERELLE — AVELINE

122. Châteaux des Environs de Paris et de France, 10 pl. Très belles épreuves.

123. Vues de Paris, 20 pl. Très belles épreuves.

PICART (Etienne)

124. Montespan (Mᵐᵉ de) (D. 1913). Très belle épreuve.

PLATE-MONTAGNE (N. de)

125. François Iᵉʳ, d'apr. Janet. Très belle épreuve.

POILLY (François de)

126. Louis XIV, d'apr. P. Mignard (D. 1953). Très belle épreuve.

POILLY (F.)?

127. Louis XIV. Très belle et très rare épreuve *non terminée*. Collection M. R. et L. Galichon.

POILLY (Nicolas)

128. Louis XIV (D. 1968). Très belle épreuve.

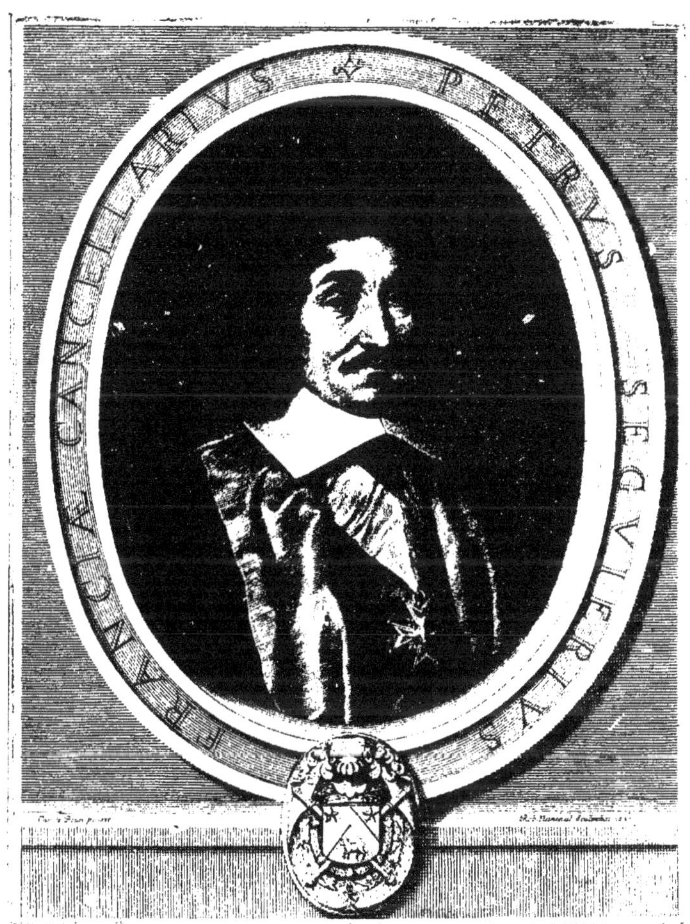

N° 119 du Catalogue.

129. Le grand Condé, 1666. Superbe épreuve des collections Didot et L. Galichon.

130. Noailles (Anne, Duc de), d'apr. W. Vaillant.

POILLY (N.) — SCHUPPEN (P. van)

131. Mazarin, d'apr. P. Mignard — Mich. Le Tellier. Deux pièces. Belles épreuves (pli).

POILLY (J. B.) — LEMPEREUR (L.) — FESSARD CARMONA

132. Troy (Fr. de) — Audran (Benoit II) — Collin de Vermont-Jeaurat (Et). Quatre pl. d'ap. de Troy, J. Reynolds et Roslin. Très belles épreuves.

PORTRAITS

133. Wouwer (J. Van der), d'apr. Holbein — Nemours (la Duchesse de). — Saint-Evremont, état non terminé — Tremblet (B.), par Lasne, 4 pl. Belles épreuves.

134. Philippe IV, par P. Pontius, d'apr. Rubens — Le Pce de Savoie, le Duc de Marlborough et le Pce d'Orange, par Tanjé — Christine de Suède, par P. Aquila — La Reine Marie, par Smith — La Famille de Th. Morus, etc., 6 pl.

135. Richelieu — Duc de Lesdiguières — Scaliger — Conrart, etc., 7 pl. par Habert, Mellan, Rousselet, Bebrick, etc. Belles épreuves.

136. Hauranne (de) — Dsse de la Vallière — Elisabeth d'Angleterre — Cl. Marot — l'Arétin — Richelieu. 7 pl. par ou d'après Dumonstier, de Boulonois, C. David, etc. Très belles épreuves.

137. Calvin — Th. de Beze — Jean de Mabuse — Elisabeth d'Angleterre — P. Charron — Catherine de Bourbon, etc. 7 pl. par ou d'après C. Vischer, de Passe et autres.

138. Henri IV, 7 pl. par Th. de Leu, etc. Belles épreuves.

139. Marie de Médicis — Rabelais — Cl. Marot — F. Sforza — Jean Paléologue — Cosme II de Médicis — Sig. Malatesta de Rimini, etc., 8 pl. par ou d'après J. Wierix, Desmaisons, J. de Gheyn, Goltzius. Belles épreuves.

140. Montaigne — l'Aretin — Crillon — Philippe IV — Juste Lipse — R. de Hooghe — C. de Witte. 7 pl. d'apr. Van Dyck, Rubens, H. Bos, etc. Belles épreuves.

141. Marillac (M. de) — P. Corneille — J. Dorat — Tristan Lhermite — Fr. Coster — H. de Lorraine Mazarin — J. P. Camus — P. Gassendi, 13 pl. par ou d'après M. Lasne, du Guernier, de Gheyn, C. Galle, Cl. Mellan, etc. Belles épreuves.

POTTER (P.)

142. Différents animaux (B. 1-8). Suite complète de 8 pl. Très belles épreuves, *avec* l'adresse de Cl. de Jonghe.

RABEL (Jean)

143. Guise (H. de Lorraine, duc de). Très belle épreuve.

REMBRANDT VAN RIJN

144. Rembrandt et sa femme (B. 19 D. 19). Belle épreuve.

145. Triomphe de Mardochée (40-48). Superbe épreuve, avec des barbes.

146. La même estampe. Belle épreuve.

147. La Samaritaine (dite aux Ruines) (71-73). Très belle épreuve.

148. Pierre et Jean à la porte du Temple (97). Très belle épreuve.

149. Femme nue, les pieds dans l'eau (200). Très belle épreuve sur japon.

150. La Négresse couchée (205-202). Belle épreuve.

151. Faustus (270-259). Très belle épreuve *avant* les 3es tailles sur le livre à fermoirs.

152. La même estampe. Très belle épreuve.

153. Anslo (B. 271). Très belle épreuve, *avant* diverses retouches; des collections H. Weber et F.

RUBENS (d'apr. P. P.)

154. Silène ivre, par Soutman et Bolswert — Vénus et Adonis, les Suites de la Guerre, Toilette de Vénus, par Patas. Cinq pl. Belles épreuves (3 à l'état d'eau-forte).

155. L'Adoration des Bergers, par L. Vorsterman (D. 5). Très belle épreuve — Bacchanale, par Soutman. Deux pl.

SADELER (Gilles)

156. Spranger (B.) et sa Femme. Belle épreuve.

SAENREDAM (J.)

157. Vertumne et Pomone, d'apr. A. Bloemaert (27) — Vénus et les Amours, d'apr. H. Goltzius (51-1er état). Deux pl. Belles épreuves.

158. Débora — Judith (43-44) — Pallas — Vénus — Junon (56-58). Cinq pièces, d'apr. H. Goltzius. Très belles épreuves.

SCHUPPEN (P. van)

159. Harlay (Fr. de). 1650. Très belle épreuve.

160. La Reynie (G. N. de), d'apr. P. Mignard, 1665. Très belle épreuve.

161. Meulen (F. vander), d'apr. N. De Largillière — Alexandre VII, Pape, d'apr. P. Mignard. Deux pl. Belles épreuves.

162. Philippe de France, duc d'Orléans, d'apr. Nocret. Superbe épreuve,

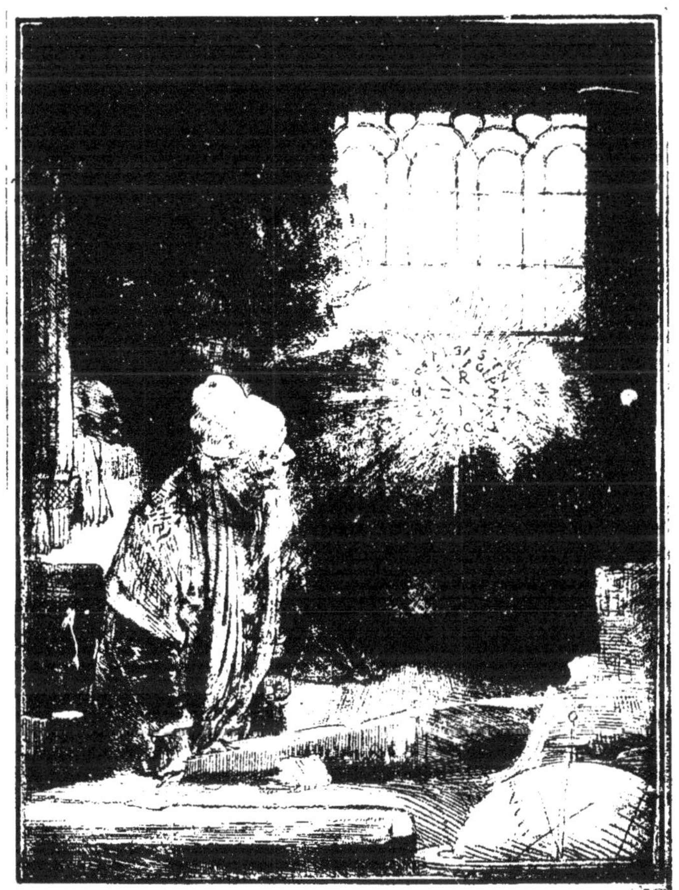

N° 151 du Catalogue.

SILVESTRE (Israël)

163. Vues de Paris : Monuments, Eglises, Ponts et Quais. Quarante-sept pièces. Très belles épreuves.

164. Châteaux, la plupart des environs de Paris, 26 pl. Très belles épreuves.

165. Vues de Paris, St-Germain-en-Laye, Lyon — Vues d'Italie. Quarante-trois pl. Très belles épreuves.

166. Vues de Paris, 8 pl. — d'Italie, 16 pl., etc. Ensemble 28 pl. (y compris 4 pl. par Beyer). Très belles épreuves.

SOMPEL (P. van)

167. Marie de Médicis — Marguerite de Lorraine — Isabelle-Claire-Eugénie. Trois pièces d'apr. Ant. van Dyck. Belles épreuves, *avant* les n^{os}.

SUYDERHOEF (Jonas)

168. Goltzius (H.) (30) — Albert, archiduc d'Autriche (4). Deux pièces. Belles épreuves, *avant* les n^{os}.

169. Henriette-Marie, reine d'Angleterre (36). Superbe épreuve du 1er état.

170. Maximilien 1er et Marie de Bourgogne, son épouse (52 et 54). Deux pièces d'apr. L. de Leyde et Soutman, se faisant pendants. Très belles épreuves, *avant les n^{os}*.

171. Le Coup de couteau, d'après A. Van Ostade (122). Très belle épreuve (petite cassure).

172. Les Paysans sous la treille, d'apr. A. van Ostade (124). Très belle épreuve du 2e état (sur 4).

TROUVAIN (Ant.)

173. Houasse (R. A.), d'apr. Tortebat (2344). Très belle épreuve, à la *tablette blanche*.

VALLET (Guillaume)

174. Corneille (Pierre), d'apr. A. Paillet, 1663. Très belle épreuve.

VELDE (Adrien van de)

175. Animaux divers, 11 pl. Très belles épreuves.

VERMEULEN (C.)

176. Mignard (Pierre), d'apr. lui-même. Très belle épreuve.

VICO (Eneas)

177. Médicis (Jean de) (254). Très belle épreuve du 1er état, *avant* l'adresse, de la collection P. Mariette.

VISSCHER (Corneille)

178. Bouma (Gelius de) (S. 89). Belle épreuve (a été pliée).

179. Scriverius (P.), 1649 (116). Belle épreuve.

180. La Bohémienne (44). Très belle épreuve, *avec* l'adresse de Cl. de Jonghe.

WIERIX (les)

181. Henri III (A. 1918). Belle épreuve (sans marge sur 3 côtés).

182. Henri III (1919) — Henri IV, comme Roi de Navarre. Deux pièces. Très belles épreuves.

183. Henri IV. Trois pl. différentes (une non signée). Très belles épreuves.

184. Orange (Phil. Guill. P[ce] d') (1997) — Dorléans (Louis) (1889) — L'Hospital (M. de) (1931). Ignace de Loyola. Quatre pl. Très belles épreuves.

XVIIIe SIÈCLE

ALIX (P. M.)

185. Corday (Charlotte). Très belle épreuve, *avant toute lettre, imp. en couleurs.*

186. Custine — Dumouriez. Deux portraits de forme ovale, se faisant pendants. Très belles épreuves, *imp. en couleurs*. Rares.

187. Dubus Préville (P. L.). Très belle épreuve, *imp. en couleurs* (remmargée).

188. Lous XVIII, d'après Pasquier. Superbe épreuve *imp. en couleurs, avant toute lettre.*

189. Michu, du Théâtre de l'Opéra-Comique. Belle épreuve, *impr. en couleurs* (remmargée).

190. Pie VII, d'apr. J. B. Vicar. Belle épreuve *imp. en couleurs.*

191. Pitt (William), d'apr. A. Hickel. Belle épreuve *imp. en couleurs.*

AMÉRIQUE (Est. relatives à l')

192. Colomb (Christophe), par P. Mercuri. Très belle épreuve *avant la lettre* et *avant* l'encadrement.

193. La Fayette, petite pl. de forme ronde. Superbe épreuve, *imp. en couleurs*. Très rare.

AUDRAN (B.)

194. Louis Quinze, en pied, d'apr. Gobert. Très belle épreuve.

BALÉCHOU (J. J.)

195. Jullienne (J. de), d'apr. De Troy. Très belle épreuve.

196. Le Calme — La Tempête, 2 pl. d'apr. J. Vernet, se faisant pendants. Belles épreuves (1 sans marges sur 3 côtés).

BASSET (A Paris, chez)

197. Marat, petite pl. de forme ronde. Très belle épreuve, *imp. en couleurs.*

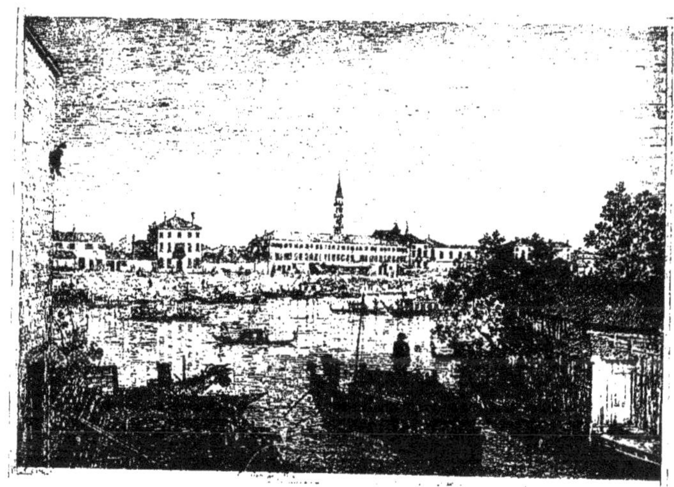

N° 220 du Catalogue.

BAUDOUIN (d'apr. P. A.)

198. Le Fruit de l'Amour secret, par Voyez le Jeune (23). Belle épreuve.

199. Jusques dans la moindre chose, par Masquelier (27). Très belle épreuve.

200. Le Modèle honnête, par Moreau le jeune et Simonet (34). Superbe épreuve.

201. La Sentinelle en défaut, par N. De Launay (44). Superbe épreuve.

202. Les Soins tardifs, par N. de Launay (45). Très belle épreuve.

203. Le Soir, par E. De Ghendt (46). Très belle épreuve.

204. La Soirée des Tuileries, par Simonet (47). Très belle épreuve.

205. La Toilette, par N. Ponce (48). Superbe épreuve, *avec* l'adresse de Mme Baudouin.

BEISSON (Etienne)

206. Marat, d'apr. Boze. Très belle épreuve, *avant la lettre*, toutes marges.

BOUCHER (François)

207. Les Grâces au tombeau de Watteau (P. de B. 44). Très belle épreuve.

208. La Femme à la Colombe, par L. M. Bonnet (59). Très belle épreuve, impr. en sanguine (épidermures).

209. Elle mord à la grappe, par J. J. Pasquier. Deux très belles épreuves, une à *l'état d'eau-forte, avant l'encadrement.*

210. Pan et Syrinx, par Martenasie. Très belle épreuve, *avant toute lettre.*

211. Le Sommeil de Vénus, par Bonnet. Superbe épreuve tirée sur papier bleuté, avec planche de blanc.

212. Le Trait dangereux, par Poletnich. Superbe épreuve, toutes marges.

213. Vénus se préparant pour le jugement de Pâris, par de Lorraine. Très belle épreuve

BOULET (A Paris, chez le Citoyen)

214. L'Intérieur du Comité Révolutionnaire. Belle épreuve, *tirée en bistre.*

BROOKSHAW (R.)

215. Marie Joséphine Louise de Savoye, d'apr. Drouais. Belle épreuve.

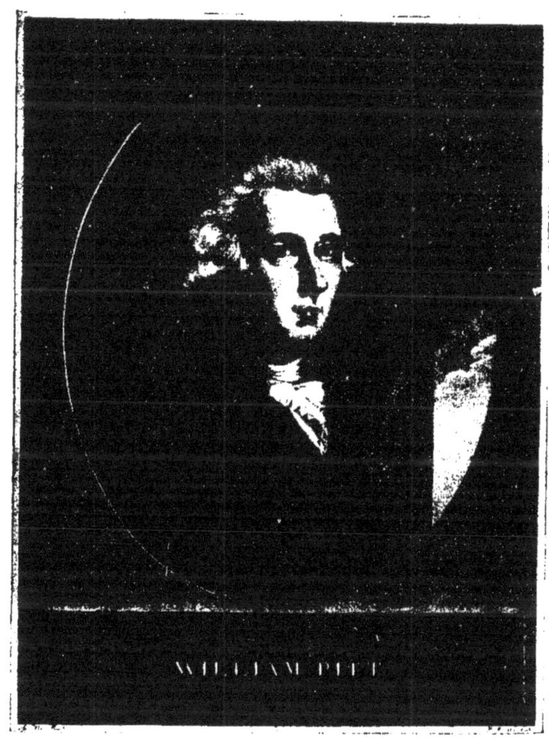

N° 101 du Catalogue.

CANALETTO (Ant.)

216. Titre des Vues de Venise (A. de V. 1) — Le Tombeau d'un Evêque (14). Deux pièces. Très belles épreuves.

217. La Torre di Malghera (2). Superbe épreuve du 1er état.

218. Mestre (3). Superbe épreuve du 1er état.

219. Al Dolo (4). Superbe épreuve du 1er état.

220. Ale Porte del Dolo (5). Superbe épreuve du 1er état.

221. Le Porte del Dolo (6). Superbe épreuve du 1er état.

222. Pra della Vale, Padoue (7). Superbe épreuve du 1er état.

223. Santa Giustina in Pra della Valle (8). Très belle épreuve du 1er état.

224. Un Village sur la rivière Brenta (9). Superbe épreuve du 1er état.

225. Le Portique à la lanterne (10). Superbe épreuve du 1er état.

226. Panorama d'une ville baignée par une rivière (11). Très belle épreuve du 1er état.

227. La Maison à l'inscription — La Maison au pérystile (12-13). Deux pièces. Très belles épreuves.

228. La Libreria (15) — La Piera del Bando (16) — Les Procuratie (22). Trois pièces. Très belles épreuves.

229. Marché sur la Piazzetta (17) — La Prison (18). Deux pièces. Très belles épreuves.

230. Le Paysage alpestre (19) — Paysage avec une statue équestre (20) — Le Pélerin en prière (24) La Femme puisant de l'eau (26). Quatre pièces. Très belles épreuves.

231. La Terrasse (21). Très belle épreuve.

232. La Villa au-delà d'une rivière (23) — Les deux piliers en ruine (25) — Les trois Colonnes et la statue au bord de la mer (27). Trois pièces. Très belles épreuves.

233\. Le Pilier isolé (28) — Fragments de sculpture (29) — Le petit Monument (30) — Le Char passant sur un pont (31). Quatre pièces. Très belles épreuves.

CHARDIN (d'apr. J. B. S.)

234\. L'Ecureuse — Le Garçon cabaretier. Deux pièces par C. N. Cochin, se faisant pendants (16 et 22). Très belles épreuves *avant les mots :* Cabinet, etc., toutes marges (petite épidermure à la 2e pl.).

CHEREAU (François)

235\. Pardaillan de Gondrin (L. A. de), d'apr. H. Rigaud. Belle épreuve.

236\. Largillierre (N. de), d'apr. lui-même. Très belle épreuve.

COCHIN Fils (C. N.)

237\. Cochin fils (C. N.), par A. de St Aubin. Deux très belles épreuves, une de 2e état, *à l'eau-forte pure.*

238\. Gras (Joachim). Deux très belles épreuves, une *à l'état-forte.*

239\. Turenne (le Prince de). Très belle épreuve *à l'état d'eau-forte.*

240\. Chardin (J. B. S.) — Lépicié (B.) — De Troy (F.). Trois pl. par J. F. Rousseau, etc. Très belles épreuves (2 *avant toute lettre*).

241\. Fréron (E. C.), par Gaucher, 3 états. Belles épreuves.

242\. Pigalle, par A. de St-Aubin. Deux très belles épreuves, *avant la lettre* ou *à l'état d'eau-forte.*

243\. Turgot — C. Vanloo — C. H. Watelet — Prault — Roettiers — G. Duchange — Lully — F. Boucher — F. Basan. Neuf pl. par Watelet, St Aubin, Cars, Dupuis, etc. Belles épreuves.

244. Hommage des Arts, par B. L. Prévost. Deux très belles épreuves *d'état différent*, l'une avec le médaillon de Marie-Antoinette, l'autre avec une figure de la Liberté.

245. Le Chanteur de Cantiques -- La Charmante catin. Deux pièces, par Madeleine Cochin, se faisant pendants. Belles épreuves.

COUTELLIER

246. Mlle Maillard. Superbe épreuve *imp. en couleurs.*

COYPEL (d'apr. Ch.)

247. Mme de Mouchy en Habit de Bal, par R. Purcell. Belle épreuve (a été pliée).

DAULLÉ (J.)

248. Jean Mariette, d'apr. A. Pesne (E. D. 43). Très belle épreuve.

249. Mlle Pelissier, d'apr. Drouais. Superbe épreuve.

250. H. Rigaud peignant sa Femme (69). Superbe épreuve, *avant* les mots : *Gravé par...*

DEBUCOURT (P. L.)

251. Le Juge, ou la Cruche cassée, par Le Veau (M. Fenaille 1). Belle épreuve (a été pliée).

252. Barrière des Champs-Elysées (207). Très belle épreuve, *imp. en couleurs.*

DUCHANGE (G.) — AUDRAN (J.) — CHEREAU (F.)

253. Girardon (F.) — La Fosse (Ch. de) — Coyzevox (A.) — Boullongne (L. de). Quatre pl. d'apr. H. Rigaud et L. de Boullongne. Très belles épreuves.

DUFLOS — AUDRAN — VALLÉE — LARMESSIN

254. Le Clerc (S.) — Coypel (N.) — Troy (J. de) — Hallé (Cl.). Quatre pl. d'apr. Coypel, F. de Troy et Le Gros. Très belles épreuves.

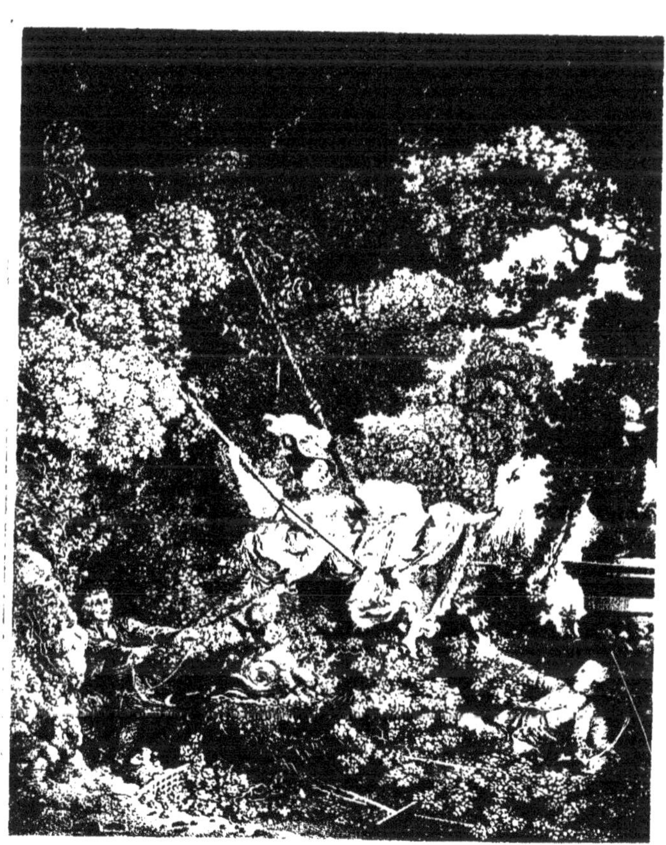

N° 202 du Catalogue.

ÉCOLE FRANÇAISE

254 *bis*. Angélique et Médor, par N. De Launay, d'apr. Raoux Le Cuvier, par Fillœul, d'apr. Le Mesle.

FICQUET (Etienne)

255. Arioste (l') (F. 3) — La Motte Le Vayer (85) — La Fontaine, pour les *Fables* — Descartes — Montaigne — J. J. Rousseau. Six pièces. Belles épreuves.

FIESINGER (G.)

256. Mirabeau, d'apr. J. Guérin. Très belle épreuve tirée sur fond bleu. Rare.

FRAGONARD (H.)

257. Fragonard (Honoré), par Le Carpentier. Superbe et rare épreuve *avant* le nom du graveur.

258. L'Armoire (P. de B. 2). Très belle épreuve, *avant* l'adresse de Naudet.

259. Bacchanales (8-9). Deux pièces. Très belles épreuves.

260. Les Baignets, par N. De Launay. Très belle épreuve.

261. La Fontaine de l'Amour, par N. F. Regnault. Très belle épreuve, à la *lettre grise*.

262. Les Hasards heureux de l'Escarpolette, par N. De Launay. Très belle et très rare épreuve à *l'état d'eau-forte*.

263. Le petit Parc, par Saint-Non. Très belle épreuve.

FREUDEBERG (d'apr. S.)

264. Le Négociant ambulant — Le Soldat en semestre. Deux pièces par Ingouf le jeune, se faisant pendants. Très belles épreuves, *avant la lettre*.

265. La Promenade du Soir, par Ingouf le jeune. Superbe épreuve, *avant le n°*.

GAUCHER (Ch. Et.)

266. Gustave III, roi de Suède, d'apr. Roslin, très rare (P. et B. 73) — le même monarque, d'apr. N. Lavreince (74), 3 états, soit quatre pièces. Très belles épreuves.

267. La Borde (J. B. de) (86). Deux très belles épreuves, une *avant la lettre*.

268. Le Normand du Coudray (C.), d'apr. P. Le Gay (98). Quatre très belles épreuves (2 à l'*état d'eau-forte*).

269. Louis-Auguste, Dauphin de France (Louis XVI), d'apr. Gautier-Dagoty (101). Très belle épreuve (petite épidermure).

270. Cailhava (J. F.) — Sicard — Racine — La Rochefoucauld — Gessner — Corneille, etc., 14 pl. Très belles épreuves, plusieurs *avant la lettre*.

271. Gaucher (C. E.) — Buffon — Chapelle — Dupaty — Florian — Gail — La Fontaine — La Rochefoucauld — Cte de Vergennes — Fanny Beauharnais. 17 pl. Belles épreuves (6 *avant la lettre* ou *à l'état d'eau-forte*).

GRATELOUP (J. B.)

272. Rousseau (J. B.), d'apr. Aved (F. 9). Très belle épreuve.

GREUZE (d'apr. J. B.)

273. Greuze (J. B.), d'apr. lui-même, par Flipart. Deux belles épreuves, d'état différent.

274. La Cruche Cassée, par J. Massard. Très belle épreuve.

275. Les Fermiers brûlés, par La Live de Jully. Très belle épreuve.

276. La Marchande de harengs et son Pendant. Deux pièces par Mme Beauvarlet. Superbes épreuves.

277\. La Marchande de marrons — La Marchande de pommes cuites. Deux pièces par Beauvarlet, se faisant pendants. Très belles épreuves.

278\. La Petite Fille au chien, par Porporati. Très belle épreuve, *avec* l'adresse de la rue Thibautodé, toutes marges.

279\. La Privation Sensible, par J. B. Simonet. Très belle épreuve.

280\. La Servante partant, par Mme Beauvarlet. Très belle épreuve.

281\. Le Silence, par Cars et Jardinier. Superbe épreuve, *avant toute lettre.*

282\. La même estampe. Belle épreuve.

HODGES (C. H.)

283\. Pichegru, 1795. Très belle épreuve.

HOGARTH (William)

284\. Industry and Idleness (77-84). Suite complète de 12 pl. Très belles épreuves du 1er tirage.

285\. Beer Street — Gin Lane, 2 pl. Belles épreuves.

JANINET (J. F.)

286\. Mme St Huberti, d'apr. Le Moine. Très belle épreuve, *imp. en couleurs.*

JEAURAT (d'apr. E.)

287\. Le Carneval des rues de Paris — Le Transport des Filles de Joye à l'Hôpital. Deux pièces, par C. Levasseur, se faisant pendants. Très belles épreuves.

288\. Déménagement d'un Peintre — Enlèvement de Police. Deux pièces par Duflos, se faisant pendants. Très belles épreuves.

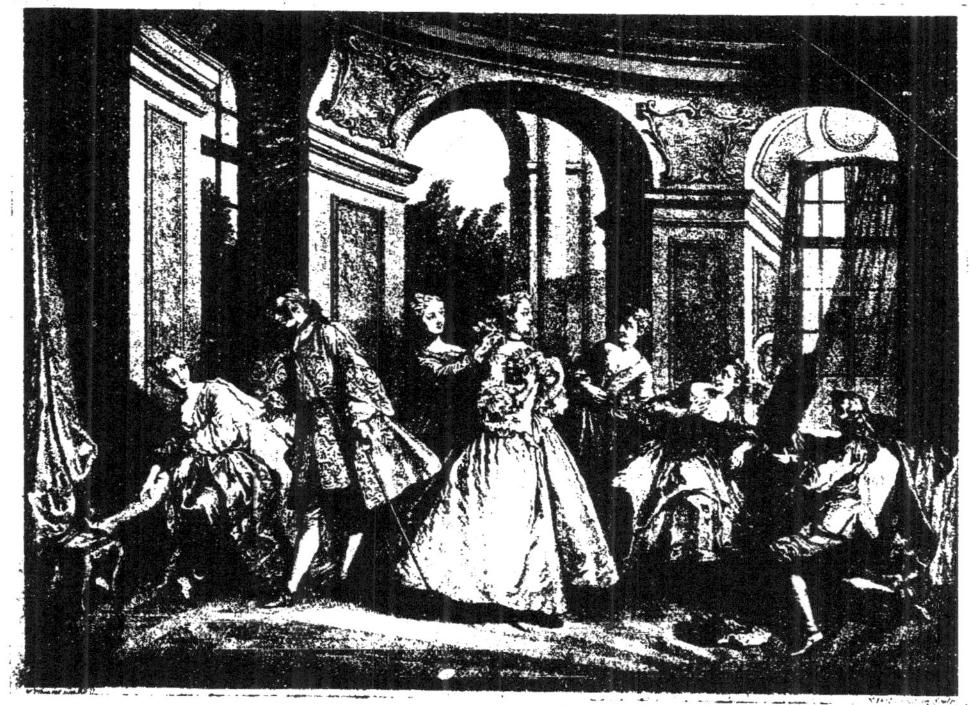

N° 292 du Catalogue.

KLAUBER (J. S.)

289. Paul Ier — Marie Feodorowna. Deux pièces, d'apr. Voille et Kugelgen, se faisant pendants. Belles épreuves.

290. Stanislas-Auguste, roi de Pologne, d'apr. Mme Vigée-Le-Brun. Très belle épreuve.

KNELLER (d'apr. G.)

291. Wren (Christoph) — Godolphin (Sidney, Duc de). Deux pièces par J. Smith. Très belles épreuves.

LANCRET (d'apr. N.)

292. Les Ages, par N. de Larmessin (E. B. 1, 28, 45 et 86), Suite complète de 4 pl. Superbes épreuves (légère épidermure à une pl.)

LANDRY (P.) — CRÉPY (L.)

293. Louis XIV — Marie-Thérèse — Berry (Ch. Duc de) Savoie (Duc de). Six pièces. Très belles épreuves.

LARGILLIERRE (d'apr. N. de)

294. Duclos (Mlle), par L. Desplaces. Belle épreuve (pli).

LARMESSIN — SURUGUE — LEBAS

295. Christophe (Joseph) — Coustou (G.) — Hallé (A.) — Lorrain (R. Le). Quatre pl. d'apr. Drouais, de Lien, Legros. Très belles épreuves.

LA TOUR (d'apr. M. Q. de)

296. La Tour, par lui-même (au chevalet), par G. F. Schmidt — Restout (J.), par P. E. Moitte. Deux pièces. Belles épreuves (légère cassure à la 1re pl.)

LAVREINCE (d'apr. N.)

297. La Consolation de l'absence, par N. De Launay (E. B. 14). Très belle épreuve.

298. Le Coucher des Ouvrières en Modes — Le Lever des Ouvrières en Modes. Deux pièces par F. Dequevauviller, se faisant pendants (16 et 36). Très belles épreuves, *avec* l'adresse du graveur.

299. L'Heureux Moment, par N. De Launay (28). Très belle épreuve.

300. Le Mercure de France, par Guttenberg le jeune (38). Très belle épreuve.

LE BEAU (P. A.)

301. Marie-Antoinette, d'apr. Le Clerc. Très belle épreuve.

LEFEVRE (J. F.)

302. Décadaire des Hommes célèbres. Belle épreuve.

LEMPEREUR — GAUCHER

303. Le Comte (Marguerite), d'apr. Watelet — Le Bas (J. Ph.), d'apr. Cochin fils. Deux pl. Belles épreuves.

LEVACHEZ

304. Bonaparte, Premier Consul, 1801. Belle épreuve, *imp. en couleurs.*

MARCENAY DE GHUY (Ant. de)

305. Charles Ier d'Angleterre (L. Morand 10) — Charles V (11) — L'Hopital (16) — Pce Eugène (20), 2 états — Saxe (Maurice de) (27) — Sully (30) — Turenne (33). Neuf pièces. Très belles épreuves (2 *avant la lettre*).

MONDON (d'après)

306. L'Après-Dinée, par F. Aveline. Très belle et très rare épreuve *avant toute lettre.*

MONNET (d'apr. Ch.)

307. Les Baigneuses surprises — Salmacis et Hermaphrodite. Deux pièces, par G. Vidal, se faisant pendants. Belles épreuves, *avant la lettre.*

308. Jupiter et Io, par Vidal. Très belle épreuve.

309. Vénus et Adonis, par G. Vidal. Belle épreuve, *avant la lettre* et *avant* la draperie.

MOREAU LE JEUNE (J. M.)

310. Cathédrale d'Orléans, d'apr. Drouard, 1771 — Le Coup de vent, par Malbeste. Deux pièces. Très belles épreuves.

311. Au Roi — A la Reine. Deux pièces, par N. Le Mire, se faisant pendants. Très belles épreuves.

MULLER (J. G.)

312. Galloche (Louis), d'apr. Tocqué. Deux superbes épreuves *d'état différent, avant toute lettre.*

On y a joint une épreuve avec la lettre (tirage postérieur).

313. Wille (J. G.), d'après Greuze. Très belle épreuve, *avant toute lettre.*

NAPOLÉON Ier (Est. relatives à)

314. Napoléon Ier, In-fol. (par Coqueret ?) Belle épreuve (remmargée).

315. Marie-Louise, par Ambroise Tardieu. Très belle épreuve.

316. Le Roi de Rome, 2 pl. par John. d'apr. Benner, et De Frey, d'apr. Prudhon. Très belles épreuves, *avant la lettre.*

PATAS

317. Ouverture des Etats Généraux à Versailles, le V Mai M.DCC.LXXXIX. Très belle épreuve, *tirée en bistre.*

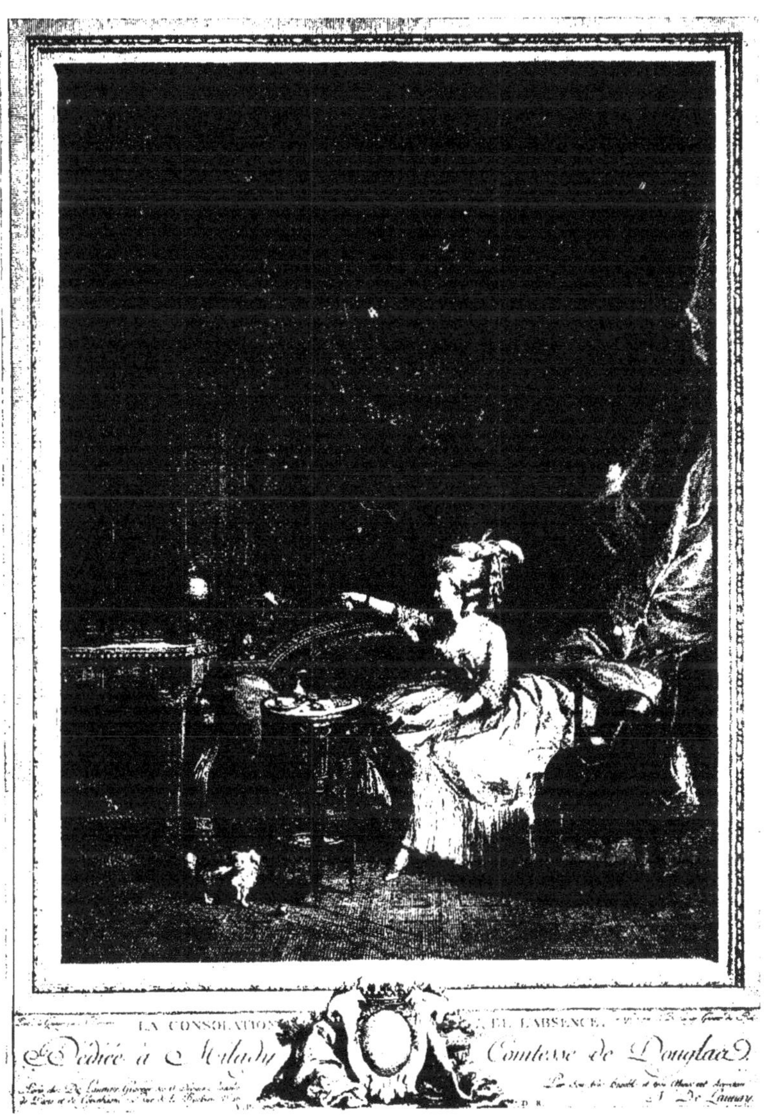

N° 207 du Catalogue.

PATER (d'après J. B.)

318. Le Roman comique, 17 pl. par Surugue et Jeaurat. Belles épreuves (la plupart *remmargées*).

PIRANESI (G. B.)

319. Veduta sul Monte Quirinale del Palazzo dell' Ecc. Casa Barberini — Veduta del Palazzo Farnese. 2 pl. Très belles épreuves.

PORTRAITS

320. Troy (J. F. de), par N. De Launay, d'apr. Aved. Très belle épreuve, *avant la lettre.*

321. Leclerc, épr. en sanguine et contre-épreuve en noir — Huet (J. B.), par Demarteau. 3 pl. Belles épreuves (remmargées).

322. Gluck, par Miger, d'apr. Duplessis — Boieldieu, par Quenedey — Piazzetta (J. B.), par Cattini — Marie-Thérèse de Hongrie, d'apr. Meytens, 4 pl. Belles épreuves.

323. Boucher (F.), par L. Bosse — La Chalotais, par C. Baron — Mme Du Chastelet, par Lempereur et Haïd — Gabriel de la Gardie, 2 états (un *avant la lettre*) — Bernouilli (J.), par Schmidt. Sept pièces. Bellles épreuves.

324. Louis XVI — Cte et Csse de Provence — Cte et Csse d'Artois, etc. 7 pl. par Le Beau, Dupin, Boizot, etc. Belles épreuves.

325. *Charette Dessiné après son arrival* (sic) *à Nantes, le 7 ou il étoit fusille le 9 Germinal.* Très belle épreuve. Rare.

326. Marie-Anne-Charlotte Corday, ci-devant Darmans, écrivant sa dernière lettre à son père. Belle épreuve (remmargée).

327. Kléber, par Choffard, d'apr. J. Guérin, épr. et contre-épr. — Cambacérès, par Née, d'après Boucher, 2 états, et par Payen. Cinq pl. Très belles épreuves, une *imp. en plusieurs tons* et rehaussée.

328. Prevost (l'Abbé), par Schmidt — J. B. M. Papillon, graveur — Bailly — Vanloo, par Mige., etc. 5 planches Belles épreuves, *une imprimée en couleurs.*

329. Montausier (Duc de) — Malebranche — Scevole de Sainte Marthe — la Femme de Pierre Le Petit — Marq[se] de Montespan, etc. 6 pl., par Tardieu, Edelinck, Trouvain, Larmessin. Très belles épreuves (une avant la lettre).

330. Rameau — Fénelon — Me du Gazon — Du Barry (Ctesse) — de La Rochefoucauld — Abbé de Voisenon — Diderot. 7 pl. par ou d'après Masquelier, Le Beau, Choffard, Cochin fils, Greuze. Très belles épreuves (une *avant la lettre*).

331. J. B. Rousseau — Scarron — Me de Staël — Turgot, par Dupin, d'apr. Cochin — Voltaire, 2 pl., l'une *imprimée en 2 tons* (chez Villeneuve) — Watteau, par B. Lépicié, d'apr. lui-même — la Chevalière d'Eon de Beaumont, d'apr Cosway 1787. Ensemble 8 pl. Très belles épreuves (5 *avant la lettre*).

332. Voltaire — Choiseul (le Duc de) — Marivaux — Poullain de Saint-Foix — A. Piron, etc. 9 pl., par ou d'apr. Tardieu. Pauquet, Le Beau, Marillier, etc. Très belles épreuves (5 *avant la lettre* ou en *épreuves d'états*).

333. P. Corneille — Delille — Guyot-Desfontaines — Diderot — Grimm — Hoffmann, etc., d'apr. Wille, Lecerf, Dupréel. Très belles épreuves (3 *avant la lettre* ou en *épreuves d'états*).

334\. La Harpe, par Migneret — De La Lande — Le Prince de Ligne — Mlle Maillard — J. F. Marmontel, par Dupin, d'après Cochin (et réduction) — Dubus de Préville, comédien, etc. Ensemble 10 pl. Très belles épreuves (4 *avant la lettre* ou en *épreuves d'état*).

335\. Guillotin, par Prevost, d'apr. Moreau le jeune — J. P. Brissot, par Mlle-A^ne^ Croisier — Charlotte Corday, par Massol, d'apr. Quéverdo — St Méard — Mirabeau, Petion, 2 pl. éditées chez Villeneuve (*imp. en 2 tons*) — Sieyes, par Fiesinger, d'après J. Guerin, etc. Très belles épreuves (3 *avant la lettre*).

336\. Dorat — Fréron — Crébillon fils — Diderot — Henault — Gall — Perronet — Raynal — N. Ed. Restif — Turgot. 13 pl., par ou d'apr. Queverdo, Le Beau, Dupin, Hoin, Fessard, Cochin, A. de St-Aubin, Binet, etc. Très belles épreuves (1 *avant la lettre*)

337\. Femmes : Marie Leczinska — Du Barry (C^sse^) — Dugazon (Mme) — Ninon de Lenclos — Mme et Mlle Deshoulières, etc., 11 pl., par Le Beau, Ponce, Gaucher, etc. Belles épreuves.

PRUDHON (P. P.)

338\. Phrosine et Melidore (E. de G. 4). Très belle épreuve *avant la lettre*.

339\. L'Amour séduit l'innocence, le plaisir l'entraîne, le repentir suit ; par B^y^ Roger. Très belle épreuve avant la lettre.

340\. L'Amour réduit à la Raison, par Copia (58). Belle épreuve, *avant la lettre*.

341\. La Raison parle... — La Vertu aux prises avec le Vice (78-79). Deux pièces, par B. Roger, se faisant pendants. Belles épreuves, *avant la lettre*.

342\. La Vengeance de Cérès (37). Belle épreuve, *avant la lettre*.

343. Une Famille malheureuse, par Prudhon et Aubry-Leconte — La Soif de l'Or — La Grotte, par Roger — Les Vendanges — Joseph et Putiphar, etc., 12 pl. Belles épreuves.

QUEVERDO et MASSOL

344. Rousseau (J. J.). Très belle épreuve *imp. en couleurs.*

RÉVOLUTION (Est. relatives à la)

345. Motion faite au Palais Royal, par Camille Desmoulins, par Berthault, d'apr. Prieur ; 3 états — Incendie du Corps de Garde sur le Pont-Neuf, 29 Août 1788, par Girardet et Cl. Niquet, 2 états, etc. Ensemble 7 pl. Belles épreuves, 5 avant l. ou à l'état d'eau-forte.

ROWLANDSON (d'après)

346. *An Italian Family*, par S. Alken, 1785. Très belle épreuve, *coloriée.*

ROWLANDSON — KAUFFMAN (Angelica) SCHMIDT

347. A Mistake at New-Market or sport and Piety — A Master of ceremonies introducing a partner — La Femme au Paon — Tête de jeune fille, 4 pl. Belles épreuves, 2 coloriées (1 sans marge).

SAINT-AUBIN (Aug. de)

348. Le Concert, par A. J. Duclos (E. B. 403). Belle épreuve, *avant l'adresse.*

349. Jupiter et Léda, d'après P. Véronèse (563). Très belle épreuve, *avant la lettre.*

350. Gluck — Frontispice pour le *Commentaire sur la Henriade* — de Belloy — Linguet — Le Kain, d'apr. Le Noir — Victor-Amédée de Sardaigne, d'apr. Boucheron, 7 pl. Belles épreuves.

351. Médaillon de la Famille Royale de France, cul-de-lampe pour les *Pierres gravées du duc d'Orléans*. Belle épreuve.

352. Louis XVI, Marie-Antoinette et le Dauphin (médaillon fixé à une pyramide), d'après Sauvage. Très belle épreuve à la *tablette blanche*.

353. Molé (François René), d'après E. Aubry. Deux très belles épreuves, une à la *tablette blanche*.

354. Pellerin (Joseph) (207-208). Trois pièces. Très belles épreuves des 1er et 3e états.

355. Le Cardinal de Bernis — Charles XII — Colbert — Henri IV — Louis XV — Newton — Ninon de Lenclos — J. J. Rousseau — J. B. Rousseau. 9 planches. Très belles épreuves, quelques-unes d'états.

356. Condorcet — Falbaire de Quingey, 2 états — S. Gessner — Orléans (Duc d') — Helvétius. Six pièces. Très belles épreuves.

SAINT-NON (Abbé de)

357. Paysages, d'apr. Le Prince, 8 pl. Très belles épreuves.

SAVART (Pierre)

358. Richelieu — Colbert — Bossuet — Fénelon — Racine — Mme Deshoulières — Condé — Boileau, etc., 13 pl. Belles épreuves.

SCHMIDT (G. F.)

359. Schmidt, par lui-même en 1752 et en 1758. Deux pièces. Très belles épreuves.

360. Mignard (Pierre), d'apr. H. Rigaud (57). Superbe épreuve *avant* l'astérique.

361. Pesne (Ant.), d'apr. lui-même. Très belle épreuve.

SERGENT (A. F.)

362\. Necker, d'apr. J. S. Duplessis. Superbe épreuve *avant la lettre, imp. en couleurs.*

SICARDI (d'apr.)

363\. Rechteren (le Cte de), sa Femme et son Fils, par B. Roger, 1800. Deux très belles épreuves *d'états différents*, une *imp. en couleurs.*

SIMONNEAU (Ph.)

364\. Réaumur (de), d'apr. A. S. Belle. Très belle épreuve, *avant toute lettre.*

SMITH (John)

365\. Charles XII, roi de Suède, d'apr. Craft, 1701. Superbe épreuve.

366\. Hesse (Georges, Landgrave de) — Peterborow (Ch. Cte de). Deux pièces d'après Murrey et Dahl. Très belles épreuves.

STRANGE (Robert)

367\. Vénus — Danaë. Deux pièces d'apr. Titien, se faisant pendants. Très belles épreuves.

TIEPOLO (D.)

368\. St Jean prêchant (31) — Venise recevant l'hommage de Neptune (97), 1er état, *non décrit* — Figures fluviales (90), 1er état — Sujet allégorique, 4 pl. Belles épreuves.

TIEPOLO (Lorenzo)

369\. Ste Thècle implorant l'Eternel, d'apr. J. B. Tiepolo (A. de V. 3) — Une Déesse apparaissant à un Guerrier (8). Deux grandes pl. Très belles épreuves.

TRESCA (Salvator)

370\. Les Croyables au Péron. Très belle épreuve.

VALLÉE (Simon)

371. Cosel (Anne Constance de Brocksdorf, Csse de), d'apr. F. de Troy. Très belle épreuve *avant* l'adresse de Bligny (petit trou).

VANLOO (d'après J.)

372. Le Coucher, par Porporati. Deux très belles épreuves (une *avant toute lettre*).

WATTEAU (Antoine)

373. Watteau (Ant.), d'apr. F. Boucher (E. de G. 12). Très belle épreuve.

374. Watteau (Ant.), par L. Crepy fils — Antoine de la Roque, par Lépicié (17). Deux pl. Très belles épreuves.

375. Départ des Comédiens Italiens en 1697, par L. Jacob (70). Très belle épreuve.

376. *Coquettes qui pour voir galans...*, par Thomassin fils (78). Superbe épreuve.

377. L'Indifférent, par G. Scotin (84). Superbe épreuve.

378. Le Concert champêtre, par B. Audran (119). Superbe épreuve du 1er état, à toutes marges,

379. La Diseuse d'aventure, par L. Cars (127). Très belle épreuve.

380. La Mariée de Village, par C. N. Cochin (148). Belle épreuve (remmargée sur 3 côtés) (a été pliée).

381. La Musette, par J. Moyreau (149). Très belle épreuve.

382. La Sérénade Italienne, par G. Scotin (165). Superbe épreuve (légères piqûres).

383. Bon Voyage, par B. Audran (169). Très belle épreuve.

384. Paravent de six Feuilles (309-314). Suite complète de 6 pl., par L. Crépy fils. Très belles épreuves, toutes marges.

385. Figures de Femmes et d'Enfants, par Audran, Boucher, etc. Six pièces. Très belles épreuves.

386. Figures (70 et 198), par B. Audran et F. Bouche. Deux pl. Très belles épreuves.

WILLE (J. G.)

387. Frédéric II, roi de Prusse, d'apr. Pesne (151). Très belle épreuve.

WILLE (d'après P. A.)

388. La Dame Charitable, par F. Très belle épreuve, *avant toute lettre.*

WILLIAMS (R.)

389. Rooke (George), d'apr. M. Dahll. Belle épreuve.

XIXe SIÈCLE

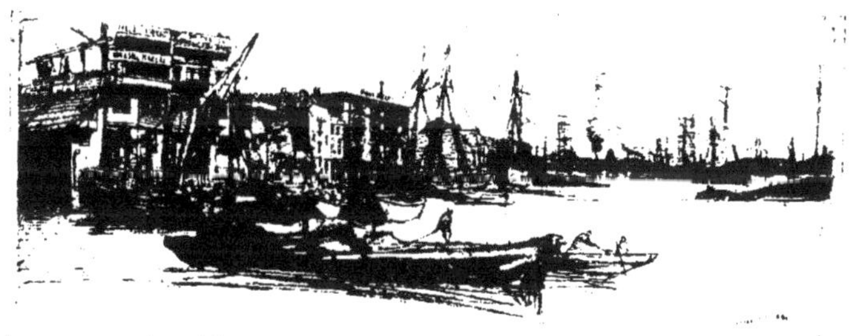

N° 901 du Catalogue.

BAERTSOEN (Albert)

390. La Grand'Rue — Le Pont. Deux pièces. Très belles épreuves, *signées.*

BARYE (A. L.)

391. Une Lionne et ses petits (Loys Delteil 3). Belle épreuve sur chine).

BÉJOT (Eugène)

392. Les Tombereaux (Bords de la Seine, à Paris) — Le Pont Alexandre. Deux pièces. Très belles épreuves, *signées*.

393. Quai des Orfèvres, 1892 — Quai d'Orléans, 1892 — Golfe Juan — Villefranche — Portrait. Cinq pl. Très belles épreuves, *signées*.

394. St Gervais — Le Port St Nicolas — La Grue au Trocadéro — Le Pont Sully, etc. 5 pl. Très belles épreuves, *signées*.

395. La Seine dans Paris (1892), L. Joly, éditeur — Couverture, 2 frontispices, portrait et 6 pl. Très belles épreuves, *signées*.

BELLAY (C. P.) — RABOUILLE (E.) — TARDIEU

396. Henriquel-Dupont (L. P.) — Firmin-Didot (Ambr.) — Stanislas Auguste de Pologne. Trois pl. Belles épreuves.

BESNARD (P. Alb.)

397. Portrait de Femme, 1884 (la Femme de l'artiste?). Superbe épreuve. *Signée*.

398. Dans les Cendres. Superbe épreuve, *signée*.

399. La même estampe. Superbe épreuve.

400. Apparition ou jeune Fille à la barre. Très belle épreuve, *signée*.

401. Portrait et suite de 3 pl. pour les Œuvres de R. de Montesquiou. Très belles épreuves, *signées*.

BOILLY (L.)

402. Boilly (L.), par lui-même, 1832. Très belle épreuve.

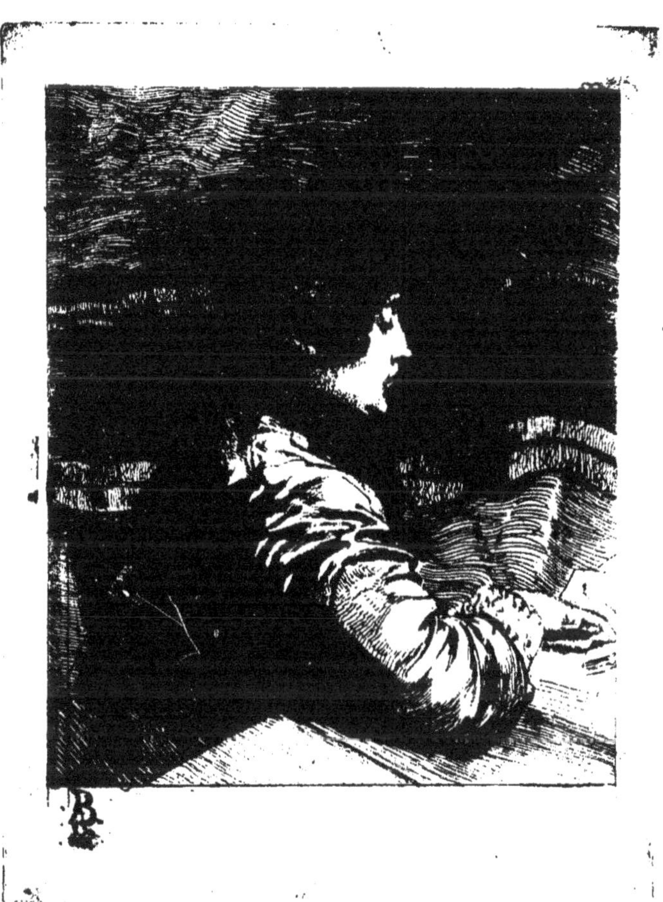

N° 397 du Catalogue.

403. Réunion d'Artistes, par A. Clément (avec la planche explicative). Très belle épreuve.

BOISSIEU (J. J. de)

404. Boissieu (J. J. de), par lui-même. Deux très belles épreuves, une d'état, *avec* le portrait de sa femme sur l'image.

405. Tombeau de Cecilia Metella — Vue du Temple du Soleil, de l'Arc de Titus — 2 Entrées de Forêts — Paysages divers. 9 pl. Belles épreuves.

BON GENRE (Le)

406. Le Bon Genre : pl. 1 — 3 à 5 — 7 à 9 — 12 à 16 — 18 à 20 — 22 — 24 à 28 — 30 — 35 — 39 — 40 — 43 — 46 à 48 — 50 — 52 à 58 — 62 — 63 — 65 à 70 72 à 77 — 79 à 85 — 89 à 94 — 95 à 97 — 101 — 103 — 104 — 107 — 110 à 114. 76 pl. Très belles épreuves, *coloriées* (14 remmargées).

BONHEUR (Rosa)

407. Feuilles de croquis lithographiques, 1864. Trois pièces très rares. Très belles épreuves.

BONINGTON (R. P.)

408. Rue du Gros Horloge, Rouen. Très belle et très rare épreuve, *avant toute lettre*.

409. Façade de l'Eglise de Brou, 2 épr. (une sur chine) — Vue d'une rue des faubourgs de Besançon. Trois pièces. Belles épreuves.

BOULANGER (Louis)

410. La St Barthélemy — Ronde du Sabbat. Deux pl. grand in-fol. Belles épreuves (la 1re sur chine).

BOUTET DE MONVEL (Bernard)

411. Le Chemineau, 2 très belles épreuves *d'états, signées*.

BRACQUEMOND (Félix)

412. Bracquemond, par P. Rajon, 2 *états différents* — Bracquemond (plus âgé), par Rajon. Trois pièces, *une signée*. Belles épreuves.

413. Bracquemond, par P. Rajon et Loys Delteil, 2 pl. Très belles épreuves.

414. Cladel (Léon) (21). Superbe et très rare épreuve du 1er état.

415. Comte (Auguste) (22) — Gautier (Th.) (49) — Legros (Alph.) (73). Trois pl. Belles épreuves.

416. Goncourt (Edmond de) (54). Très belle et rare épreuve du 2e état.

417. Le même portrait. Très belle épreuve, *avant* les derniers travaux.

418. Le même portrait. Superbe épreuve sur japon, avec *dédicace*.

419. La Seine au Bas-Meudon (187). Très belle épreuve.

420. Les Saules des Mottiaux (190). Très belle épreuve.

421. Le Lapin de garenne (220). Très belle épreuve sur japon.

422. Le Vieux Coq (222). Superbe et fort rare épreuve sur japon du 1er état, *avant* le fond. Etat tiré à 8 épreuves environ.

423. La même estampe. Très belle épreuve sur japon, avec les vers.

424. Gorge dans des Rochers, d'après Laurens (246) — Paysage au Cheval blanc, d'apr. Corot (252). Deux pl. Belles épreuves.

425. Paysage, d'apr. Hobbema (282), 1er, 2e 3e et 4e états. Superbes épreuves.

426. Le Lac, d'après Corot (287) — Margot la Critique (113). 2 pl. Belles épreuves.

427. David, d'apr. G. Moreau (348). Superbe épreuve, sur parchemin, *signée* et *timbrée*.

428. Brumes du Matin (779). Très belle épreuve du 1er état, sur japon, *signée*.

429. Frontispice pour les *Graveurs du XIXe Siècle* (794). Très belle épreuve avant toute lettre, sur japon.

430. Le Lion amoureux, d'apr. G. Moreau (797). Deux très belles épreuves *signées*, une à l'état *d'eau-forte pure*.

BRESDIN (Rodolphe)

431. Le Bon Samaritain. Belle épreuve (restauration).

BUHOT (Félix)

432. Une Matinée d'Hiver au quai de l'Hôtel-Dieu (G. Bourcard 123). Belle épreuve sur chine volant.

433. L'Hiver à Paris (128). Très belle épreuve.

434. Débarquement en Angleterre (130). Superbe et rare épreuve, *avec* les croquis.

435. Les grandes Chaumières (150). Superbe épreuve, *numérotée* et *timbrée*.

436. Chapelle St Michel-à-l'Estre (152). Très belle épreuve *avec* l'annotation : *épreuve de choix Félix Buhot*.

437. Westminster Palace (155). Superbe épreuve *avant* divers travaux, tirée sur papier verdâtre, *signée* et *timbrée*.

438. La même estampe. Superbe épreuve avec les retouches, *annotée*, signée et *timbrée*.

439. Le Hibou (161). Très belle épreuve, *timbrée*.

440. Pluie et Parapluie (68), 2e état — Ex-libris pour l'*Ensorcelée* (116), contre épreuve du 1er état — Les Graveurs du XIXe Siècle (164), 6e état — Zig-zags d'un curieux (172), 2e état. Cinq pl. Très belles épreuves (4 *signées*).

441\. La Maison Maudite (117), avant la coupure du cuivre — L'Illustration Nouvelle (124). Deux pl. Belles épreuves.

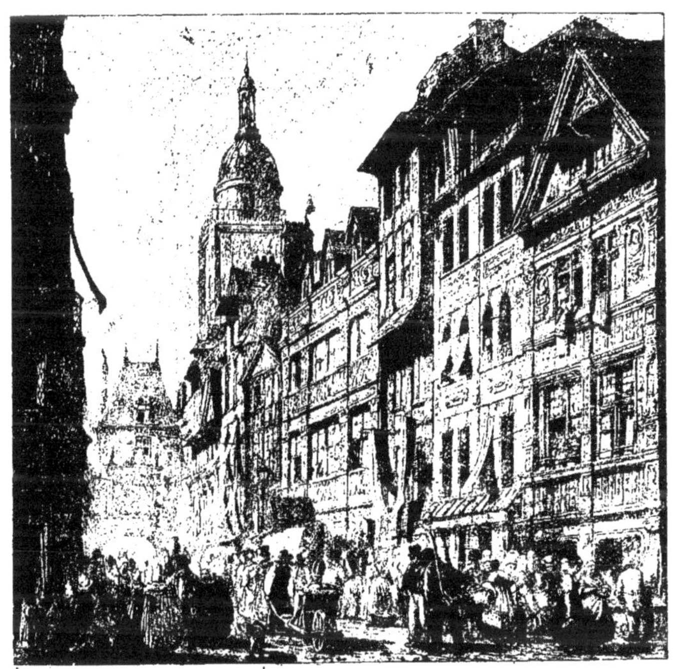

N° 408 du Catalogue.

CALAMATTA (L.)

442\. Calamatta (L.), par D. J. Desvachez, d'apr. Ingres. Très belle épreuve.

443\. Joconde, d'apr. L. de Vinci (H. B. 6). Très belle épreuve *avant la lettre*, sur chine.

444\. La même estampe. Très belle épreuve sur chine.

445\. Ingres, d'apr. lui-même 1839 (19). Très belle épreuve.

446. Lamennais (Abbé F. de), 1847 (21). Deux très belles épreuves, une *non terminée*, la seconde *avec dédicace.*

447. Orléans (Duc d'), d'apr. Ingres (35) — Sand (G.) (41). Deux pl. Belles épreuves.

CAMERON (D. Y.)

448. Couvent à Venise. Très belle épreuve, *signée.*

449. *Company shocked at a Lady getting...*, 1804. Belle épreuve.

CARONNI (Paolo)

450. Bavière (Augusta Amelia de), d'apr. Locatelli. Très belle épreuve.

CARRIÈRE (Eugène)

451. Paul Verlaine. Superbe épreuve sur chine, *signée* (n° 51).

CASSATT (Mary)

452. La Caresse. Très belle épreuve sur japon.

453. La Leçon de benjo. Très belle épreuve d'état, *signée.*

454. Le Thé. Superbe épreuve sur papier ancien, *signée* et *timbrée.*

CHAHINE (Edgar)

455. Louise France, en pied. Superbe épreuve, *avant la signature. Signée.*

456. Au Chateau-Rouge. Très belle épreuve, *imp. en couleurs, signée* (n° 1).

457. Dormeurs sur un banc. Très belle épreuve, *tirée en 2 tons, signée* (n° 215).

458. Canal St Martin — La Soupe, le Vendredi. Deux pièces. Très belles épreuves, *signées.*

459. Raccrocheuse de nuit. Très belle épreuve, *signée*, avec la mention : *Unique*.

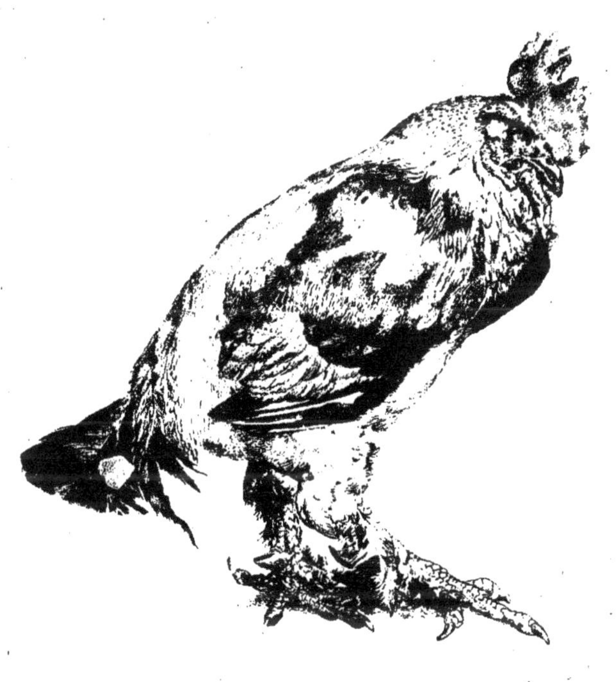

N° 422 du Catalogue.

CHAPLIN (d'après Ch.)

460. Souvenirs, par A. Lamotte. Deux très belles épreuves d'états, *signées*.

CHARLET (N. T.)

461. Infanterie Légère Française : Voltigeur — Carabinier (205 et 204). 2 planches. Très belles épreuves.

462. Colonel d'Infanterie, 1794 (217) — Général Républicain (216) — L'Empereur et la Garde Impériale (218 à 263), pl. nos 3, 14, 15, 19, 25, 26, 28, 29, 49, 55, 60, 70 — Ecole du Balayeur. 16 planches. Belles épreuves.

463. Planches d'Albums, Croquis, etc., 23 pl.

CHAUVEL (Th.)

464. Saulaie, d'après Corot. Superbe et rare épreuve *avec remarque, dédicace.*

465. L'Orage, d'après Diaz, grande pl. Superbe épreuve *d'essai, avec dédicace.*

466. Paysage, d'après Leader. Très belle épreuve *d'essai*, sur japon.

CHÉRET (Jules)

467. L'Eventail, 1889. Très belle épreuve sur chine, tirée en sanguine.

468. Couvertures de livres, menus, titres de romances, 48 pl. en *épreuves d'essai.* On y a joint *le dessin original pour : Paris qui rit.*

COROT (J. B. C.)

469. Souvenir de Toscane (B. 1). Belle épreuve, *avant la lettre.*

470. Un Lac du Tyrol (4). Belle épreuve (la lettre grattée).

COSTUMES et MODES

471. Le Suprême Bon Ton, pl. 2, 3, 4, 5 et 7, soit cinq pièces. Très belles épreuves, *coloriées.*

472. Le Bon Genre (n° 1, état) et n° 3 — Le Délassement des Politiques — La Toilette — L'Auteur Applaudi — L'Auteur Sifflé. 6 planches. Très belles épreuves, coloriées.

COURTRY (Ch.)

473. Milton dictant le Paradis Perdu, d'apr. Munkacsy. Superbe épreuve *d'essai.*

474. La Forêt, d'apr. E. van Marcke (H. B. 25). Deux très belles épreuves d'état différent.

475. Vaches au paturage, d'après E. van Marcke. Deux superbes épreuves *d'états différents, signées.*

DAUBIGNY (Ch. F.)

476. Les petits Cavaliers (42). Très belle épreuve, *tirée sur papier ancien.*

477. L'Orage (46). Très belle épreuve, *avant la lettre,* sur chine.

478. Le Buisson (73) — Le Coup de Soleil (79). 2 pl. d'après Ruisdaël. Très belles épreuves, *avant la lettre.*

479. Lever de Lune (89). Deux belles épreuves du 1er état.

480. L'Arbre aux corbeaux (110). Très belle épreuve. Collection A. Lebrun.

481. Le Pré des Graves à Villerville. Très belle et rare épreuve d'état, *avant* divers travaux.

482. Lever de lune sur les bords de l'Oise — Le Chant du Coq — L'Ondée — Le Marais aux Cigognes, etc. Neuf pièces. Belles épreuves.

DEGAS (Edgar)

483. Le Ballet, fac-simile de pastel.

DELACROIX (Eug.)

484. Macbeth et les Sorcières (L. D. 40). Belle épreuve.

485. Jeune Tigre jouant avec sa Mère (91) — Steenie (88). Deux pl. Belles épreuves.

DELATRE (Eug.) — LAFITTE — SPRINKMANN

486. Sur la Seine à Gennevilliers — Soleil couchant sur la Sarthe — Le Soir à Onival — Saint-Etienne du Mont. 4 planches. Belles épreuves, *imprimées en couleurs, signées.*

DELAUNEY (A.)

487. Cathédrale d'Amiens, 1882. Très belle épreuve *avec remarque*, sur japon, *signée.*

DESAILLE (A.) — ALBERT (Ad.)

488. La Toilette — Desboutin. Deux pl. Belles épreuves,

DESBOUTIN (Marcellin)

489. Desboutin de 3/4 à droite, fumant la pipe. In-4°. Très belle épreuve. *Bon à tirer.*

490. Bruant. Très belle épreuve, *signée.*

491. Dumas fils (A.). Très belle épreuve, *signée.*

492. Lepic (Cte). Très belle épreuve de la *grande planche*, sur chine, *signée* de Lepic.

493. Maillard (Léon). Très belle épreuve, *avec dédicace* — Willette en Pierrot, 2 pl.

494. Chanteurs des rues. Superbe épreuve *d'état.*

DESNOYERS (Aug. Boucher)

495. Marie-Louise, d'apr. J. B. Gudin. Très belle épreuve.

496. Talleyrand-Périgord (Ch. M. de), d'apr. F. Gérard. Belle épreuve *avec* le timbre des Ptolémée.

497. La Vierge aux Rochers, d'apr. L. de Vinci. Belle épreuve.

DESVACHEZ — LAMOTTE

498. La Cruche cassée, d'apr. Greuze — Souvenirs, d'apr. Chaplin. Deux pièces. Très belles épreuves, *avant la lettre*, sur chine, *signées.*

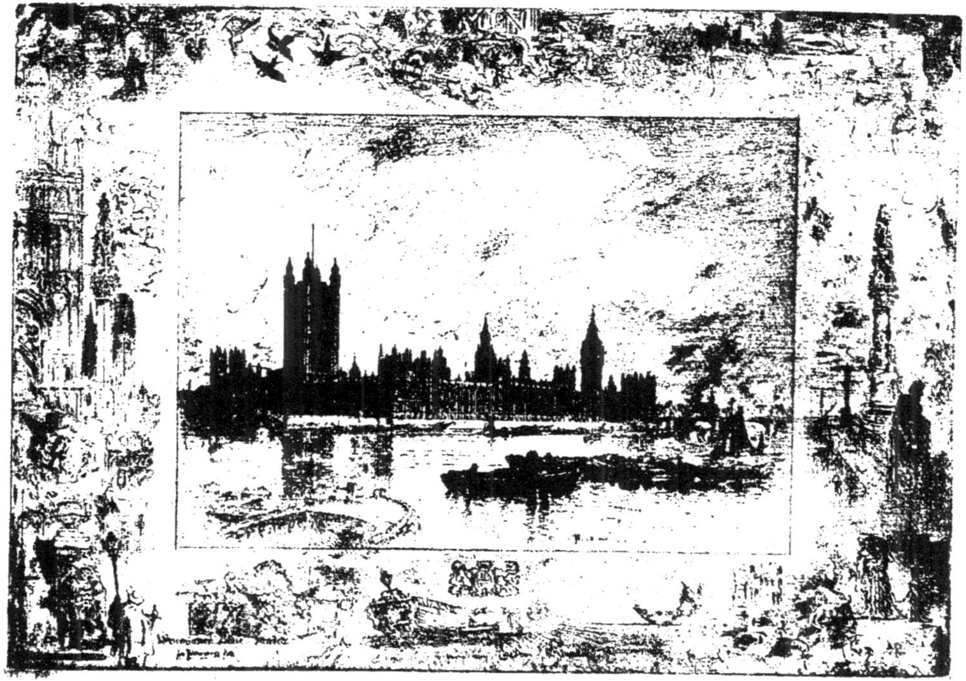

N° 437 du Catalogue.

DETAILLE (Edouard)

499. Chasseur à cheval — Un Uhlan — Trompette de Chasseurs à cheval. Trois pièces. Superbes épreuves sur japon.

DEVÉRIA (Achille)

500. Devéria (Ach.), par lui-même (H. B. 1). Très belle épreuve sur chine.

501. Ida St Edme (La Contemporaine) (13). Très belle épreuve sur chine.

502. David d'Angers (14) — Huerta (86) — Lamartine (A. de) (27). Trois pièces. Belles épreuves (2 remontées).

503. Dumas (Alex) (17) — Liszt (29). Deux pl. Belles épreuves (remontées).

504. Eckerlin (Mme) (18). Belle et rare épreuve *avant la lettre*.

505. Hugo (Victor) (24). Très belle épreuve sur chine.

506. Lamartine (A. de) (27) — Vigny (Alfred de) (39). Deux pièces. Très belles épreuves sur chine.

507. Noel (Léon) (30) — Roqueplan (C.) (32). Deux pièces. Très belles épreuves, la 1re sur chine.

508. Roqueplan (Mme C.) (32). Très belle épreuve sur chine.

DORÉ (Gustave)

509. A Versailles!!!!!!, 1845 (H. B. 56). Très belle épreuve.

510. La Civilisation terrassant la Barbarie (70). Très belle épreuve (sans marges).

DUEZ (Ernest)

511. Portrait — Etudes de mains, 4 pl. *signées*.

ENSOR (James)

512. Portrait — Barques échouées. Deux pièces. Très belle épreuve (la seconde *signée*).

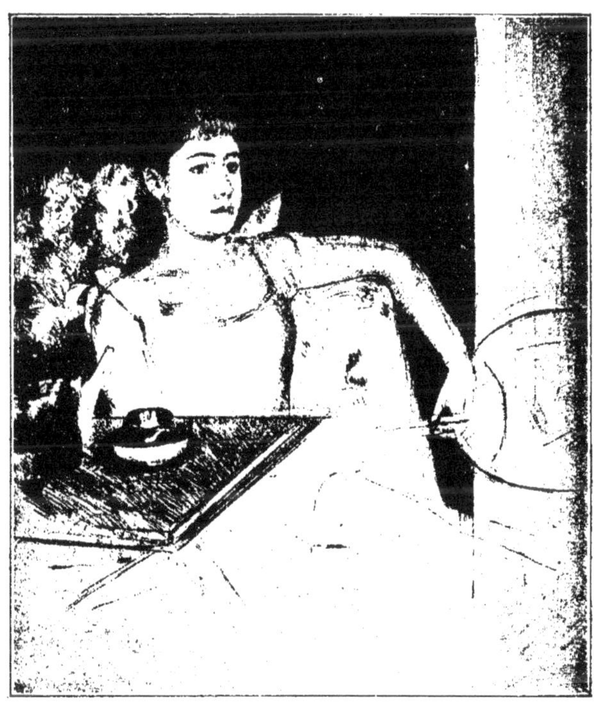

N° 454 du Catalogue.

FANTIN-LATOUR (H.)

513. L'Anniversaire (G. H. 7). Très belle épreuve sur chine, *avec dédicace*.

514. Evocation d'Erda. 1re pl. (20). Belle épreuve.

515. Evocation de Kundry. 1 pl. (42), 2e état. Très belle épreuve sur japon.

516. Harold : Dans les Montagnes (49). Très belle épreuve sur chine.

517. La Fée des Alpes, 2 pl. (55). Très belle épreuve sur chine.

518. Finale du Vaisseau-Fantôme, 2e pl. (60). Superbe et fort rare épreuve du 1er état (tiré à 7 ou 8 épr.), *signée*.

519. Chasseresse (103). Très belle épreuve sur chine, *timbrée* — Damnation de Faust (83). Deux pièces.

520. La Tentation de St Antoine (110). Très belle épreuve.

521. Le Paradis et la Peri (115). Très belle épreuve sur chine.

522. Déposition de Croix (113). Très belle épreuve, sur chine volant, *signée*.

523. Vénus Anadyomène (144). Très belle épreuve sur japon.

FEUCHÈRE (J.)

524. Daumier (Honoré), 1847. Très belle épreuve. Rare.

FLAMENG (L.)

525. Jésus guérissant les Malades, d'après Rembrandt. Trois épreuves d'état différent, une sur parchemin.

526. Hédouin (Edm.), 1866 — La Source, [d'apr. Ingres, 2 états. Trois pl. Belles épreuves (une *signée*).

FORAIN (J. L.)

527. Marthe (eau-forte) — Sujets divers. 7 fumés, soit 8 pl.

FOREL (Alexis)

528. L'Abside de Notre-Dame, effet du soir. Très belle épreuve sur japon, *signée*.

529. La Lande un jour de pluie — Coin de Paturage dans le Morbihan. 2 planches. Très belles épreuves *signées*, la 2e sur parchemin.

FORTUNY (M.)

530. Kabile mort (2). Très belle épreuve, *avant la lettre*.

531. La Victoire (3) — Un Pouilleux (13) — Arabes assis (17). Trois pièces. Très belles épreuves.

532. Anachorète (16). Superbe épreuve sur japon.

GAILLARD (C. F.)

533. Gaillard (C. F.), par T. de Mare et Loys Delteil. Deux très belles épreuves, *signées*.

534. Vernet (H.), d'après P. Delaroche (H. B. 9). Très belle épreuve sur chine.

535. Le Cte Lafon (10) — Le Condottière (15) — Gattamelata (18) — St François (44). Quatre pl. Belles épreuves.

536. Le Condottière, d'apr. Antonello de Messine (15). Très belle épreuve, *avant la lettre*, *signée*

537. L'Homme à l'œillet, d'apr. Van Eyck (25). Superbe épreuve, *avant toute lettre*, sur chine, *avec* la signature à la pointe, en bas.

538. La Vierge et l'Enfant Jésus, d'après Boticelli (29). Très belle épreuve, *avant toute lettre*, sur chine, *signée*.

539. Pie IX, Pape (31). Très belle épreuve, à la *lettre claire*, sur chine, *signée*.

540. La même estampe. Très belle épreuve sur chine.

541. Le Crépuscule, d'après Michel-Ange (32) — La Vierge et l'Enfant Jésus, d'apr. Botticelli (29). Deux planches (la 2e d'état, mais incomplète).

542. St Sébastien (34). Très belle épreuve *avant la lettre*, sur parchemin.

543. Tête de Cire du Musée de Lille (36). Deux belles épreuves *avant la lettre* (une sur chine volant).

544. Léon XIII (39). Belle épreuve sur japon, *signée*.

545. Les Pèlerins d'Emmaüs, d'apr. Rembrandt (43). Superbe et très rare épreuve, *avant divers travaux, signée.*

546. La même estampe.
Très belle épreuve, *avant toute lettre*, sur chine, *signée*.

547. La Joconde, d'apr. L. de Vinci (83). Très belle épreuve sur chine.

GAUJEAN (Eugène)

548. La Vierge entre St Georges et St Donatien, d'apr. Van Eyck (H. B. 14). Trois très belles épreuves *d'états différents, signées*.

549. La Vierge de Jehan Fouquet. Très belle épreuve, *avec remarque*, sur japon, *signée*.

550. Recherche de la Paternité, d'après Deschamps (44) — Le Concert, d'après Terburg (13) — 2 pl. sur japon, *signées* (la 1re *imp. en couleurs*).

GAUTIER (Lucien)

551. Le Palais de Justice et la Sainte Chapelle, 1882. Belle épreuve sur japon.

GAVARNI

552. Gulnare (Mme Waldor) (72), 1er état, RR — Karr (Alph.) (85), 1er état — Monnier (H.) (52). Trois pl. Très belles épreuves.

553. Physionomies des Chanteurs (1540-1556), 14 pl. (sur 17). Très belles et rares épreuves *avant la lettre*.

554. Etudes d'Enfants (1710-1725). Suite complète de 12 pl. Très belles épreuves sur chine.

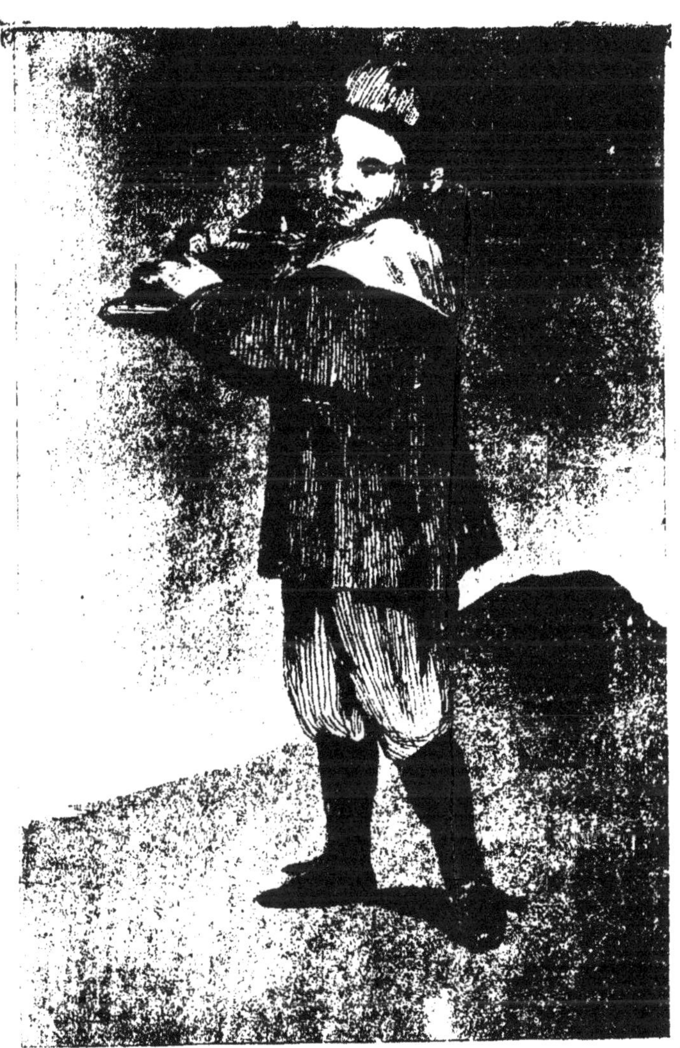

N° 721 du Catalogue.

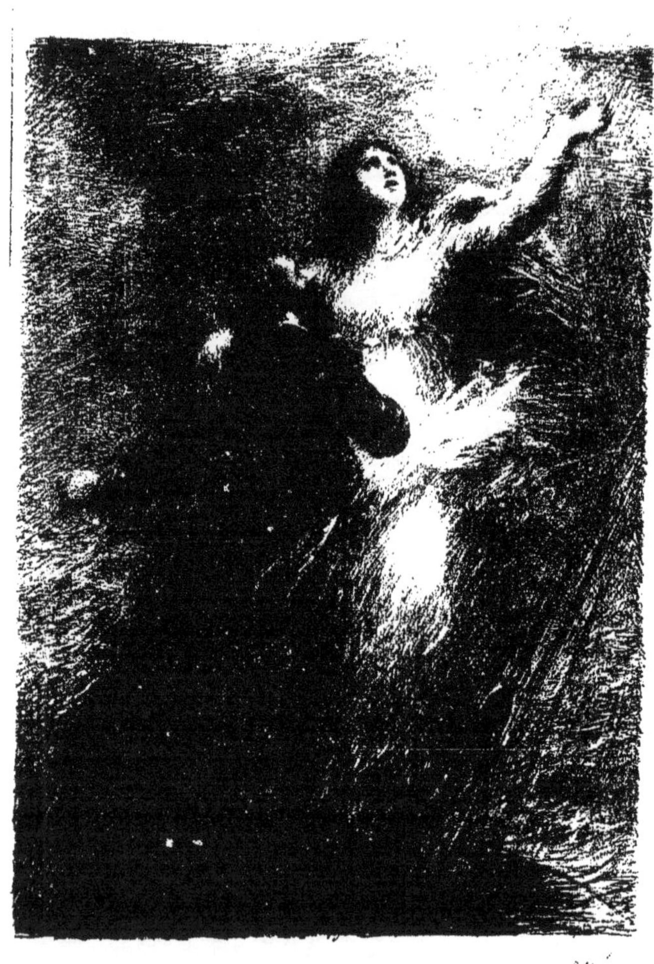

N° 518 du Catalogue.

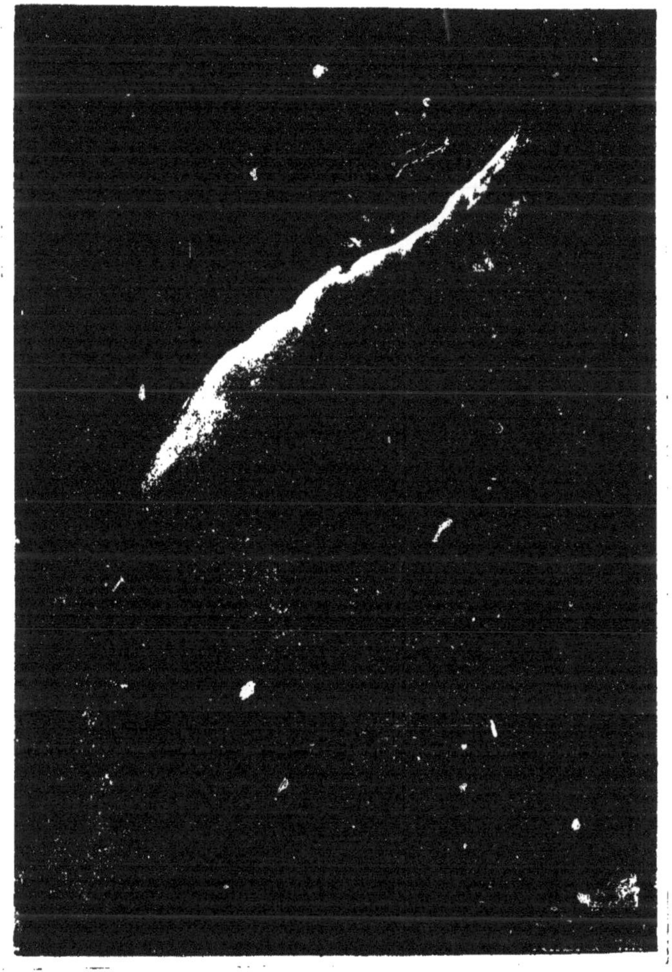

N° 825 du Catalogue.

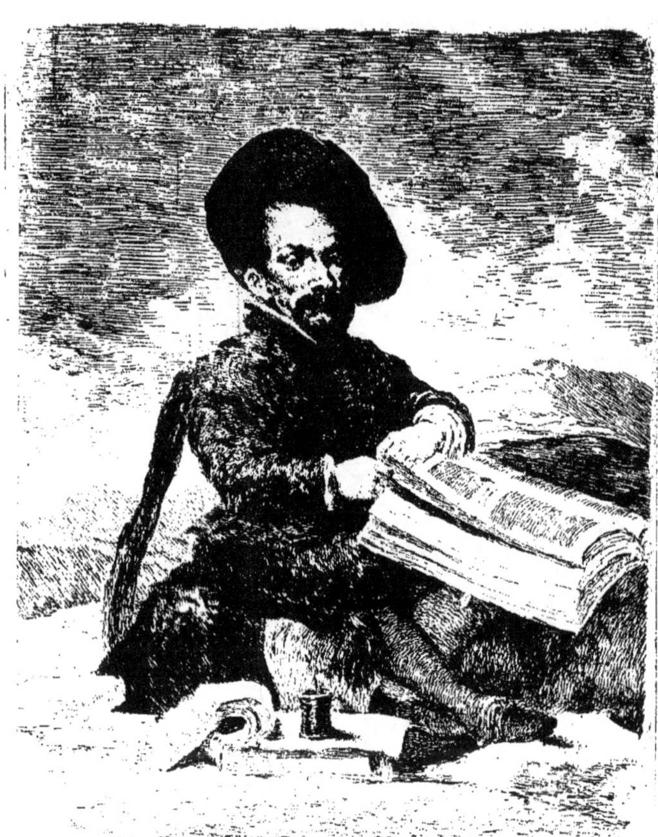

Sacada y gravada del Quadro original de D. Diego Velazquez en que representa al vivo un Enano del S. Phelipe IV. por D. Francisco Goya Pintor. Existe en el R.l Palacio de Madrid Año de 1778.

N° 404 du Catalogue.

555. Gavarni, par lui-même — Thomas Vireloque — Toquades — Satan, etc., 12 pl. Belles épreuves.

556. Musiciens comiques et pittoresques — Physionomies des Chanteurs, 29 pl. (y compris 2 doubles), la plupart en très belles épreuves sur chine.

557. La Boîte aux lettres — Traductions en langues vulgaires — Titres de romances — Planches de *l'Artiste*, etc., 40 pl. Belles épreuves (deux *avant la lettre*).

GÉRICAULT (J. L. Th.)

558. Etudes de Grands Chevaux, 8 pl. et frontispice, la plupart en belles épreuves.

559. Chevaux divers, 15 pl. Belles épreuves, plusieurs sur chine.

GIGOUX (Jean)

560. Delacroix (Eug.). Belle et rare épreuve, *avant la lettre*.

GIGOUX (J.) — GIRAUD (E.)

561. Paul Delaroche — Mélingue. Deux pl. sur chine.

GILBERT (Ach.)

562. Rousseau (Ph.), d'apr. Dubufe. Deux très belles épreuves *avant la lettre*, une sur parchemin.

GOYA (F.)

563. Ménippe — Esope. Deux pièces, d'apr. Velasquez, se faisant pendants (239-240). Très belles épreuves de la collection A. Lebrun.

564. Nains assis. Deux pièces, d'apr. Velasquez, se faisant pendants (244-245). Très belles épreuves.

565. Un Aveugle chantant (255). Très belle épreuve de la collection A. Lebrun.

GRAVESANDE (Storm van)

566. Rotterdam (49), lithographie. Très belle épreuve sur japon, *signée.*

GREVEDON (H.)

567. Mars (Mlle), d'apr. F. Gérard — Mlle Prevost — Dreux-Brézé (Mlle de). Trois pl. Belles épreuves.
568. Les Mois. Suite de 12 pl. (incomplète des mois de Janvier, Juin, Novembre et Décembre), soit huit pièces. Très belles épreuves.
569. L'Asie — L'Amérique — La Nuit — Artisanne, etc., 10 pl. pl. Très belles épreuves.

GUÉRIN (Ch.) — VILLON (J.) — DESAILLE (A.)

570. Femme au sablier — Sur un Banc — Le grand Chapeau, 3 pl. *signées.*

HADEN (F. Seymour)

571. Egham Lock (Harrington 15). Très belle épreuve.
572. Fulham sur la Tamise (18). Très belle épreuve.
573. Kensington Gardens, grande pl. (28). Très belle épreuve.
574. La Tamise à Battersea (45). Très belle épreuve du 1er état, sur japon.
575. Kilgaren Castle (65) — Cardigan Bridge (67). Deux pl. Belles épreuves, *signées.*
576. Railway encroachment (74) — Brendford ferry (75). Deux pl.
577. The Towing path (76). Superbe épreuve du 1er état, *signée.*
578. Coucher de soleil sur la Tamise (93). Superbe épreuve du 1er état, *signée.*
579. Horsley's Cottages (101). Très belle épreuve.
580. L'Auberge, Purfleet (130). Très belle épreuve du 1er état, *signée.*

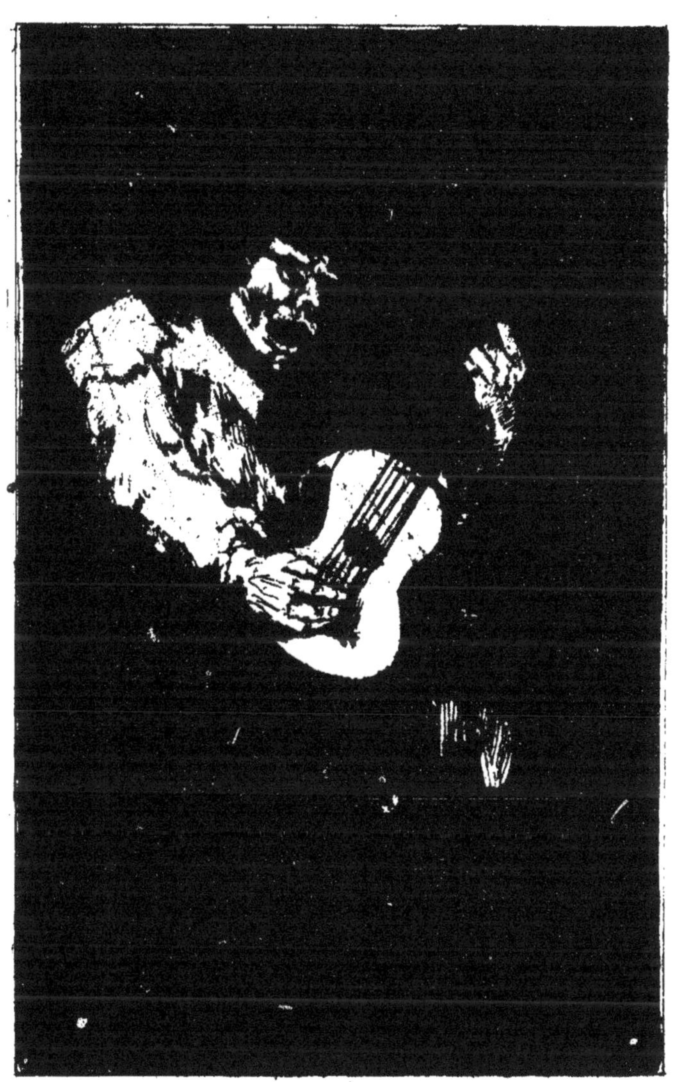

N° 505 du Catalogue.

HAIG (A. H.)

581. Floda (Suède). Très belle épreuve, *signée*.

HÉDOUIN (Edmond)

582. Mme *** (la Dame au chapeau), d'apr. Chaplin (H. B. 57). Trois très belles épreuves *d'états différents*.

HEINS (A.)

583. Entrée du Parc de St Cloud, à Ville d'Avray — Chemin à Assendolf — A Ville d'Avray. Trois pièces. Très belles épreuves, *signées*.

584. Lions et Lionnes — Cabanes de pêcheurs — Sur la Route de Tivoli — L'Eglise de St Bavon, Gand. Quatre pl. Très belles épreuves, *signées*.

585. Arbre de Lemleerge — Route dans les Dunes. 2 lithographies. Très belles épreuves.

HELLEU (Paul)

586. L'Aiguille. Très belle épreuve, *signée*.

587. Cinq Têtes d'Enfants. Superbe épreuve, *signée*.

588. Les deux Fillettes lisant. Très belle épreuve. *signée*.

589. Devant les Watteau du Louvre. Très belle épreuve *tirée en 2 tons, signée*.

590. Edmond de Goncourt. Très belle épreuve, *signée* (tiré à quelques épreuves seulement).

591. L'Eglise de Dieppe — Diane (Parc de Versailles), 2 pl. *signées* (la seconde tirée en 2 tons).

592. Etude d'une Main — Liseuse de profil à gauche — Femme de profil à droite, menton dans les mains. 3 pl. Très belles épreuves, *signées*.

593. Femme à la tasse et trois têtes de Femmes. Très belle épreuve, *signée*.

594. La Femme au corsage écossais. Très belle épreuve. *signée*.

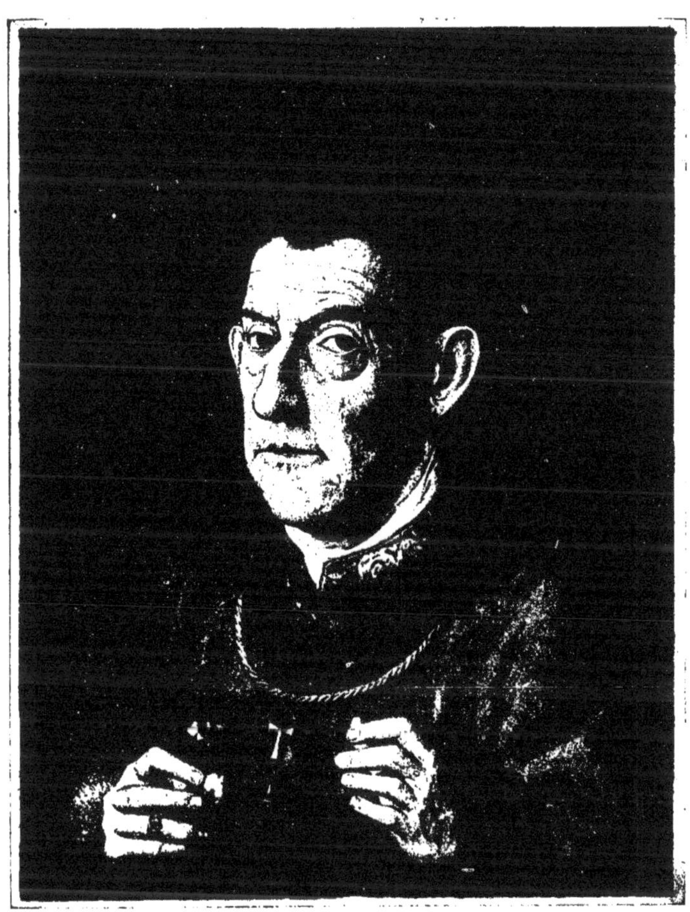

N° 537 du Catalogue.

595. Fillette au piano. Superbe épreuve, *signée.*

596. Fillette aux grands cheveux. Très belle épreuve, *signée.*

597. Fillette aux longs cheveux, 1896. Superbe épreuve, *signée*, avec la mention : *Unique épreuve, planche détruite.*

598. Fillette lisant. Très belle épreuve, *signée.*

599. Mme Helleu, de face. Très belle épreuve, *signée.*

600. Helleu (Hélène), à 11 ans 1/2. Très belle épreuve, *signée.*

601. *Ellen, 13 ans.* Très belle épreuve, *tirée en bistre, signée.*

602. Hélène Helleu, 2 pl. diff. Très belles épreuves, *signées.*

603. Hélène Helleu en chapeau. Très belle épreuve, *signée.*

604. Jeune Femme accoudée à la barre. Très belle épreuve, *signée.*

605. Jeune Femme à mi-corps, les mains jointes (1896). Très belle épreuve, *signée* (tirée à 10 épr.).

606. La Jeune Femme appuyée contre une colonne. Très belle épreuve, *signée.*

607. Jeune Femme de face, les mains jointes, accoudée. Très belle épreuve, *signée.*

608. Jeune femme de trois quarts à gauche — Le Chapeau capote, 2 pl. Très belles épreuves, *signées.*

609. Lemaire (Mlle). Très belle épreuve, *signée.*

610. Liseuse. Très belle épreuve, *signée.* Très-rare.

611. Liseuse — Deux études de femme couchée — Femme de profil à droite. 3 pl. Très belles épreuves, *signées* (une rehaussée de sanguine).

612. Planche d'études de têtes et de mains — Près du feu — En 1900. 3 pl. Très belles épreuves, *signées.*

613. Portrait de jeune Fille (sur le mur un Watteau : les deux Cousines). Très belle épreuve, *signée* (tirée à 3 épreuves).

614. Repos. Très belle épreuve, signée.

615. Le Repos. Très belle épreuve, *signée.*

616. Mlle Roeseler, de face. Très belle épreuve, *signée.*

617. La même estampe, en même état.

618. Songerie. Très belle épreuve, *signée* (tiré à **20** épr.).

619. Têtes d'Enfants, 3 pl. diff. Très belles épreuves (une tirée sur la pl. biffée).

620. Whistler, 1897. Superbe épreuve, *signée.* Très rare.

HENRIQUEL-DUPONT (L. P.)

621. Bertin, d'après Ingres (B. 67). Très belle épreuve, *avant la lettre*, sur chine, *signée.*

622. Le Duc d'Orléans, d'ap. Eug. Lami (51). état — Louis-Philippe (50) épr. *avant la lettre. Dédicace.* Deux pl.

HERVIER (Ad.)

623. Scènes rustiques, paysages, marines, 7 pl. Belles épreuves.

HUET (Paul)

624. Six Eaux-Fortes (Loys Delteil 7-12). Suite de 6 pl. Belles épreuves sur chine.

INGRES (J. D. A.)

625. Les Quatre Magistrats de Besançon (L. D. 8). Belle épreuve.

INGRES (d'après)

626. L'Odalisque, par P. Sudre. Très belle épreuve sur chine, *signée.*

ISABEY (J. B.)

627. Osmond (Cte d') (H. 87). Belle épreuve.

ISABEY (d'apr. J. B.)

628. Marie-Louise, par Monsaldy. Superbe épreuve, *imp. en couleurs.*

629. Mme Dugazon, par Monsaldy. Très belle épreuve, *imp. en couleurs,* légers rehauts.

630. Dino (Duchesse de), par Mécou. Très belle épreuve, *avant la lettre.*

631. Robert (Hubert), par Miger. Superbe épreuve.

ISABEY (d'apr. Eug.)

632. L'Ecu de France, par Mouilleron. Très belle épreuve sur chine *avec* la légende.

JACQUE (Ch.)

633. Intérieur de Bergerie, en hauteur (445). Superbe épreuve, *signée.*

634. Intérieur de Bergerie (447). Très belle épreuve sur japon, *signée.*

635. Troupeau à la lisière d'un bois (453) — La Vachère (464) — Deux pièces. Très belles épreuves sur japon, *signées.*

636. Abreuvoir aux Moutons, grande pl. (470). Très belle épreuve sur japon, *signée* (marges frottées).

637. Grande Pastorale. Très belle épreuve *d'état, signée.*

638. Hiver, 1890. Très belle épreuve sur japon, *signée.*

639. Troupeau de Moutons à la lisière d'un bois, 1890. Très belle épreuve.

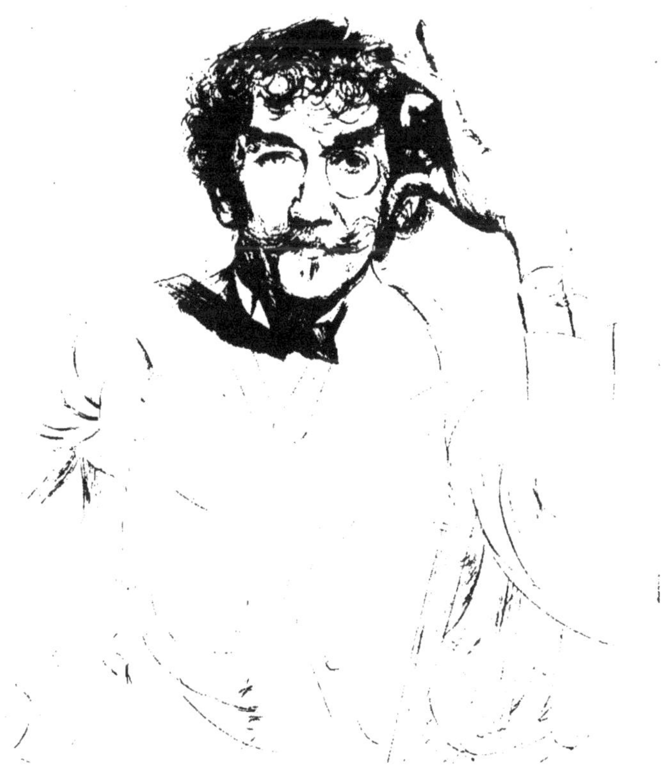

N° 620 du Catalogue.

640. Scènes rustiques et Paysages, 12 pl. Belles épreuves.

641. Scènes rustiques et Paysages, 12 pl. Belles épreuves.

642. Chaumières (237) et scènes rustiques, 5 pl. Très belles épreuves.

643. 20 *Sujets composés et gravés à l'eau-forte*, couverture et 15 pl.

644. Scènes rustiques et Paysages, 22 pl. Belles épreuves.

645. Scènes rustiques et Paysages, 29 pl., la plupart en très belles épreuves.

JACQUEMART (Jules)

646. Collection d'Armes de M. de Nieuwerkerque (185-196). Suite complète de 12 pl. Très belles épreuves.

647. Vase chinois en émail cloisonné — Porcelaines orientales — l'Orage, d'apr. Greuze — Tête d'homme, d'apr. F. Hals, etc. Ensemble 7 pl. Belles épreuves, *avant la lettre*.

JACQUET (Achille)

648. Le Peintre d'Enseignes, d'apr. Meissonier. Très belle épreuve sur japon.

JASINSKI (F.)

649. Primavera, d'apr. Botticelli. Très belle épreuve *avec remarque, signée*.

JAZET (J. P. M.)

650. Bivouac des Cosaques aux Champs-Elysées, à Paris, le 31 mars 1814, d'apr. Sauerweid. Très belle épreuve, *tirée en 2 tons* et *coloriée*.

651. Serment du Jeu de Paume, d'apr. David (avec planche explicative). Très belle épreuve (a été pliée).

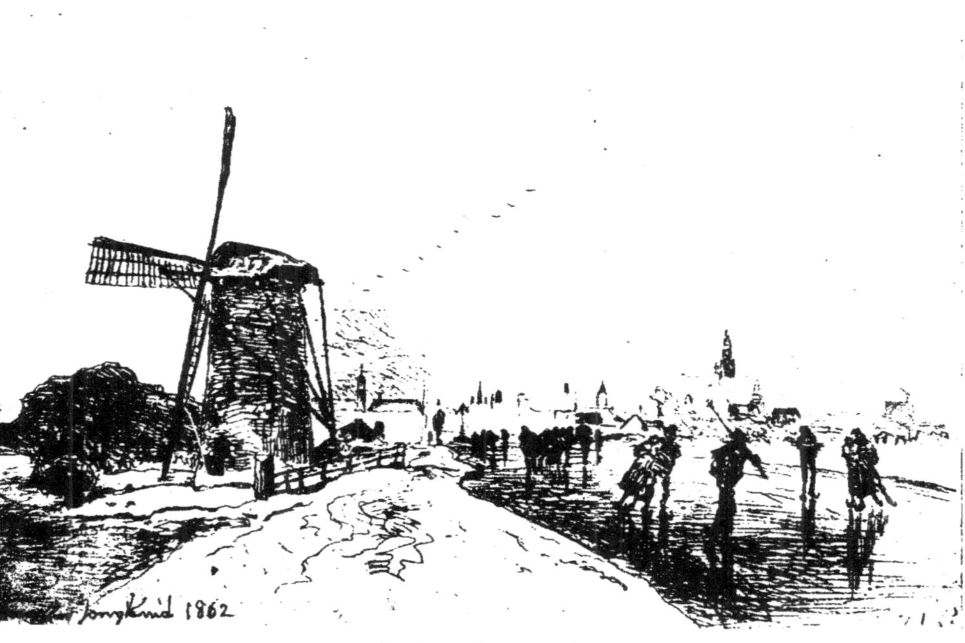

N° 654 du Catalogue

JEANNIOT (G.) — HECHT (W.)

651
652. L'Examen du Cheval — Sœurs — Piloty, peintre hongrois. Trois pl.

JONGKIND (J. B.)

653. CAHIER D'EAUX-FORTES, PAR JONGKIND, titre et six pl. (Loys Delteil 1 à 7). Suite complète. Très belles épreuves.

654. Vue de la ville de Maaslins (8). Très belle épreuve du 2e état, *avant la lettre.*

655. Entrée du Port de Honfleur (10). Très belle et rare épreuve du 1er état.

656. Sortie du Port de Honfleur (11). Très belle épreuve du 2e état, *avant la lettre.*

657. Jetée en bois dans le port de Honfleur (12) — Vue du port en chemin de fer à Honfleur (13). Deux pièces. Très belles épreuves du 1er état, *avant la lettre.*

KLENE (Bern.)

658. L'Oriental, 1899 — Soir à Vélizy, 99. 2 pl. Très belles épreuves sur japon, *signées* et *numérotées.*

659. Wagner — Balzac. 2 planches. Très belles épreuves, signées et numérotées.

KOEPPING (Karl)

660. Froufrou, d'apr. G. Clairin (17). Superbe épreuve sur parchemin, *signée* des artistes.

LAING (F.)

661. Hôtel de Sens, à Paris — Vue générale de St Andrews. Deux pl. Très belles épreuves, *numérotées.*

662. Bords du Canal, à Charenton — Château St Andrews, Ecosse — Eglise St Aignan, à Chartres. Trois pl. Très belles épreuves, *signées* et *numérotées.*

LALANNE (Maxime)

663. ŒUVRE DE MAXIME LALANNE. Réunion de 80 pl. en très belles épreuves, un grand nombre *d'états, signées :* Bordeaux, Quai des Chartrons — A Quimper — Bords de la Seine — Vieux quartier d'Amsterdam — Une rue à Rouen — Coin de Parc aux environs de Paris — Richmond, 1871 — Un vieux port de la Normandie — Le Petit bras de la Seine au Pont Neuf — A Haarlem — Exposition Universelle de 1867, vue prise du Trocadéro — Bords de la Tamise, etc., etc.

LALAUZE (Ad.)

664. Entrée de Charles-Quint, à Anvers, d'apr. H. Makart. Superbe épreuve sur japon, *signée* et *numérotée.*

LANÇON (Aug.)

665. Lion de Nubie. Deux superbes épreuves *avant la lettre*, une *avant* de nombreux travaux, *signée.*

666. Lion jeune, de Nubie — Lion dans une Fosse, 2 pl.

LAURENS (J. P.)

667. La Pouparde. Superbe épreuve d'état, *signée.*

LAUTREC (H. de Toulouse)

668. Antoine et Gémier, dans *Une Faillitte.* Très belle épreuve, *timbrée* (n° 4).

669. Auguez et Lender, dans la Chanson de Fortunio. Très belle épreuve, *signée.*

670. Brandès et Leloir, dans *Cabotins.* Très belle épreuve, *timbrée.*

671. Cecy Loftus. Superbe épreuve sur chine, *signée* (n° 3).

672. Lender et Brasseur. Très belle épreuve, *signée.*

673. May Belford en scène. Très belle épreuve, *signée.*

674. Le Procès Dupas-Arton, 3 pl. — Le Tocsin (affiche) — La Lépreuse (programme), soit 5 pl. Très belles épreuves.

675. Rose Caron, dans Faust. Belle épreuve, *timbrée.*

676. Truffier et Moreno, dans les *Femmes savantes.* Très belle épreuve, *timbrée.*

LEANDRE (Ch.)

677. La Femme au guerrier. Très belle épreuve sur japon, *signée.*

678. Etude de nu — Chand' d'habits, 2 pl., une *avec remarque.*

LEFORT (Henri)

679. Tolstoï (Léon). Très belle épreuve *avec remarque,* sur chine, *signée.*

LEGRAND (Louis)

680. Adam et Eve (pour La Faune). Très belle épreuve, avec *dédicace.*

681. Melancholia. Très belle épreuve.

682. Les Petites du Ballet, 3 pl. Très belles épreuves *d'état* sur japon, *signées.*

LEGROS (Alphonse)

683. Marie (P. M. 30) — La Charrette brisée (87). 2 pl. Belles épreuves.

684. La Mort et le Bucheron, 2e pl. (142). Très belle épreuve sur parchemin.

685. Watts (108). Très belle épreuve, *signée.*

686. Le Mur du presbytère (335). Très belle épreuve, *signée.*

687. Près du Moulin. Très belle épreuve, *signée.*

LEHEUTRE (G.)

688. Les Bords de la Bresle. Superbe épreuve sur papier ancien, *signée* et *numérotée* (n° 2).

689. L'Ecluse du Tréport, 1898. Très belle épreuve, *signée* (n° 22).

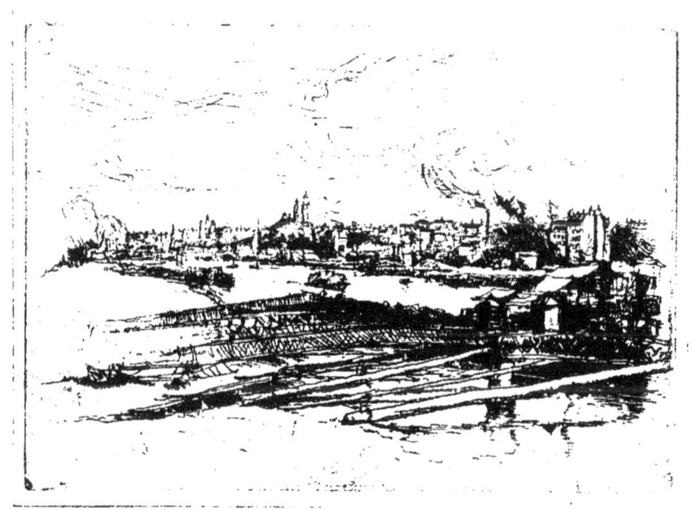

N° 694 du Catalogue.

690. La Marne, à Lagny. Superbe épreuve, *signée*.

691. Place des Jacobins, à Troyes, 1897. Superbe épreuve, *signée* et *numérotée*. Rare.

692. Le Pont de bois, à Troyes. Superbe épreuve, *signée* (12/20).

693. Le Port au bois, à Troyes. Superbe épreuve, *signée* (n° 6).

694. La Seine, au Point-du-Jour. Superbe épreuve, *signée* et *numérotée*. Très rare.

695. Le Pont de Gournay sur Marne — Rue du Cloître St Pierre, à Troyes — Place des Réservoirs, à Montmartre. 3 pl., *signées.*

LEPÈRE (Auguste)

696. Combat contre la neige, quai aux Fleurs (Lotz-Brissonneau 17). Superbe épreuve, *signée* et *timbrée* (n° 9).

697. Paris, Été (82). Superbe épreuve du 1er état, *signée* (n° 7).

698. Bords de l'Amstel (117). Très belle épreuve sur japon, *signée* (n° 2).

699. La Seine au Pont d'Austerlitz (147). Superbe épreuve sur japon pelure, *signée* et avec l'annotation : *10 Ep. de cet état, n° 5.*

700. Rue des Barres (153). Très belle épreuve sur japon pelure, *signée* et *timbrée.*

701. Rue Grenier-sur-l'Eau (154). Superbe épreuve sur japon pelure, *signée* et *timbrée.*

702. 14 Juillet, Fête au Trocadéro (192). Superbe épreuve sur japon pelure, *signée* et *timbrée.*

703. Quartier des Gobelins (202). Superbe épreuve sur japon pelure, *signée* et *timbrée.*

704. Paris sous la neige, vu du haut de St Gervais (230). Magnifique épreuve sur japon pelure, *signée* et *timbrée.*

705. Procession de la Fête-Dieu, à Nantes (272). Camaïeu. Très belle épreuve *signée* et *numérotée.*

LEYS (Henri)

706. Intérieur de Luther, à Wittemberg (11). Superbe épreuve, *avant toute lettre,* sur papier ancien, de la collection Burty.

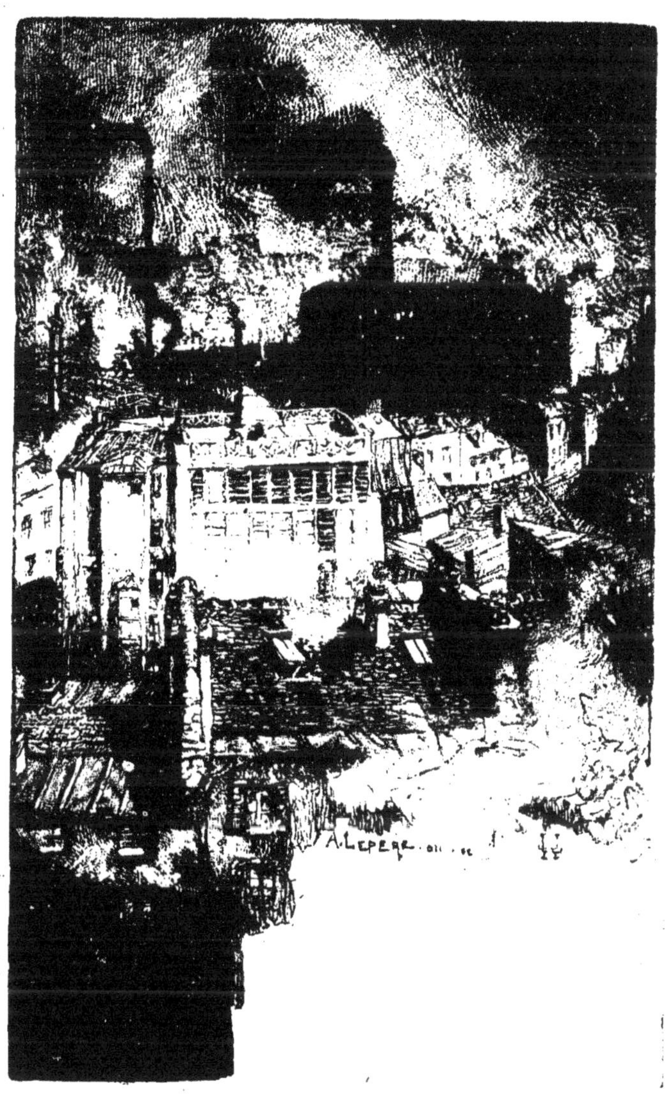

N° 703 du Catalogue.

LHERMITTE (Léon)

707. Marchands de Poissons (F. Henriet 28). Très belle épreuve du 1er état.

708. Cathédrale de Rouen (41). Très belle épreuve, *timbrée.*

LOUVION (J. B.)

709. A la Gloire Immortelle de Bonaparte. Belle épreuve.

LUNOIS (Alex.)

710. Avant la Danse. Très belle épreuve, *imp. en couleurs, timbrée* et *numérotée.*

711. La belle Tulipe. Très belle épreuve sur japon, *signée.*

712. Le Menuet chez Mme Ménard-Dorian. Belle épreuve *imp. en couleurs*, sur japon, *signée.*

713. Réunion Publique, Salle Graffard, d'après Jean Béraud. Très belle épreuve sur japon, *signée.*

MAC-LAUGHLAN (D. S.)

714. Une Ruelle dans le Quartier St Séverin. Très belle épreuve, *signée.*

MANET (Edouard)

715. Le Guitariste (E. M.-N. 4). Superbe épreuve *avec* l'adresse de Delâtre, *signée.*

716. Le Buveur d'absinthe (8). Tres belle épreuve. Rare.

717. La Toilette (9). Très belle épreuve sur japon.

718. Le Torero mort (13). Superbe épreuve d'état.

719. Olympia (17). Très belle épreuve.

720. Le Philosophe (35). Très belle épreuve.

721. Enfant portant un plateau (66). Superbe épreuve, la SEULE CONNUE.

722. Exécution de l'Empereur Maximilien (79). Belle épreuve.

MARÉCHAL (F.)

723. Sous la neige — La Meuse et l'Ourthe — Les Hauts fourneaux — L'Orage — Lever de lune — Les Chardons. Dix pièces. Très belles épreuves, *signées*.

MAURIN (Ch.) — MEUNIER (C.)

724. Education Sentimentale, 2 planches en couleurs (et fumés des clichés) — Faubourgs — Episode de la Guerre des Paysans. 4 planches. Très belles épreuves.

MEISSONIER (Ernest)

725. Le grand Fumeur (H. B. 13). Très belle épreuve sur chine.

On y a joint une copie en contre-partie, soit deux pièees.

726. Le Sergent rapporteur (14) — Polichinelle tourné à gauche (18), original et copie. Quatre pièces. Belles épreuves.

727. Il Signore Annibale (23). Très belle épreuve du 1er état, sur japon.

On y a joint un fac-simile en couleurs d'une aquarelle (même sujet), soit deux pièces.

728. Les Amateurs d'estampes, par Ch. Courtry, 2 états. Très belles épreuves, *signées*.

729. Le Peintre, par Rajon. Trois très belles épreuves *d'états différents*, une *signée*.

MENZEL (Ad.)

730. *Christus als Knabe im Tempel*. Très belle épreuve sur chine.

MERCURI (P.)

731. Ste Amélie, d'apr. P. Delaroche (B. 8). Très belle épreuve, *avant la lettre*, sur chine.

MERYON (Charles)

732. Meryon (Ch.), 2 pl. d'apr. Bracquemond et Flameng. Belles épreuves.

733. Le Petit Pont (Loys Delteil 24). Belle épreuve *avant la lettre*.

On y a joint une épreuve du tirage de *l'Artiste*, soit deux pièces.

734. L'Arche du Pont Notre-Dame (25). Très belle épreuve du 4e état, *avant la lettre*.

735. La Tour de l'Horloge (28). Belle épreuve, *avant la lettre*.

736. La même estampe. Très belle épreuve.

737. Tourelle de la rue de la Tixéranderie (29). Superbe épreuve du 2e état, *avant la lettre*, tirée sur papier ancien.

738. La même estampe. Très belle épreuve du même état.

739. St Etienne-du-Mont (30). Très belle épreuve.

740. La Pompe Notre-Dame (31). Très belle épreuve du 6e état, *avant la lettre*.

741. La même estampe. Tirage de luxe de *l'Artiste*.

742. La Morgue (36). Très belle épreuve du 4e état, *avant la lettre*.

743. La même estampe en même état.

744. Partie de la Cité de Paris, vers la fin du XVIIe siècle (51). Très belle épreuve.

745. Rue des Toiles, à Bourges (55). Très belle épreuve du 3e état, *avec* le chien, de la collection Ph. Burty.

746. San-Francisco (73). Très belle épreuve sur chine.

MICHELIN (Jules)

747. L'Inondation — Les Bords du Sichon, à Vichy — La Bourboule — Royat 1861, etc. Huit pl. Très belles épreuves *signées*.

MILLET (J. F.)

748. L'Homme appuyé sur sa bêche (L. D. 3) — La Couseuse (9). 2 planches. Belles épreuves.

749. Le Paysan rentrant du fumier (11). Très belle épreuve.

750. Les Glaneuses (12). Très belle épreuve.

751. La Cardeuse (15). Belle épreuve.

752. La Bouillie (17). Belle épreuve.

753. Le Départ pour le Travail (19). Très belle épreuve *avant les points*, tirée en bistre.

754. La Fileuse auvergnate (20). Très belle épreuve du 4e état (sur 5).

755. La grande Bergère assise (33). Belle épreuve sur japon (piquée).

756. Sujets divers, 13 pl. fac-simile ou par Adr. Lavieille. Belles épreuves.

MUYDEN (E. van)

757. Croquis de Lions — Lion et Lionne — Etalon Percheron — Bœufs Romains — Taureau Romain, 2 pl. — Tigre se désaltérant — Tigres rivaux — Paysage avec lion — Lion touché (lith.). 10 planches. Très belles épreuves signées, quelques-unes d'états.

758. Un Tigre — Le Voyageur suivi de son chien — Romaine 1881 — Flambeau — Panthère Noire — Taureau Romain — Lion et lionne se caressant — Planche de têtes d'animaux — Etude d'Ouvrier — Etc. Ensemble 11 planches. Très belles épreuves, la plupart signées.

NANTEUIL (Célestin)

759. La Jolie Fille de la Garde, 1836 (B. 30). Très belle épreuve.

760. Avenir — Regrets. 2 planches. Très belles épreuves avant le titre, une sur chine.

761. Encadrements pour l'ouvrage du Bon Taylor. 11 pl. Très belles épreuves.

NICHOLSON (W.) — BLY (W.)

762. La Reine Victoria — Sarah Bernhardt — C. Rhodes Mark Twain — Bryan — Napoléon Ier, etc. Ensemble 10 planches en couleurs. Très belles épreuves.

NICOLLE (E.)

763. Vues de Rouen (Rue des Minotiers) — Rue de l'Ecureuil — Entrée du Clos St Marc — Rue des Matelas, etc., 1880-81. Très belles épreuves signées.

NIEL (Mlle G.)

764. Restes Gothiques de l'Hôtel-Dieu, 1866 (5). Très belle épreuve sur chine.

OSTERLIND (A.)

765. Les Puiseuses d'eau. Très belle épreuve, *imp. en couleurs, signée.*

OSTERLIND (A.) — ROBBE (M.)

766. La Neige — Portrait de Rollinat. Deux pièces. Très belles épreuves (la 1re *imp. en couleurs*).

PARIS (Estampes relatives à)

767. Les Galeries de bois, au Palais-Royal, lithographie d'apr. Fontaine. Très belle épreuve. Rare.

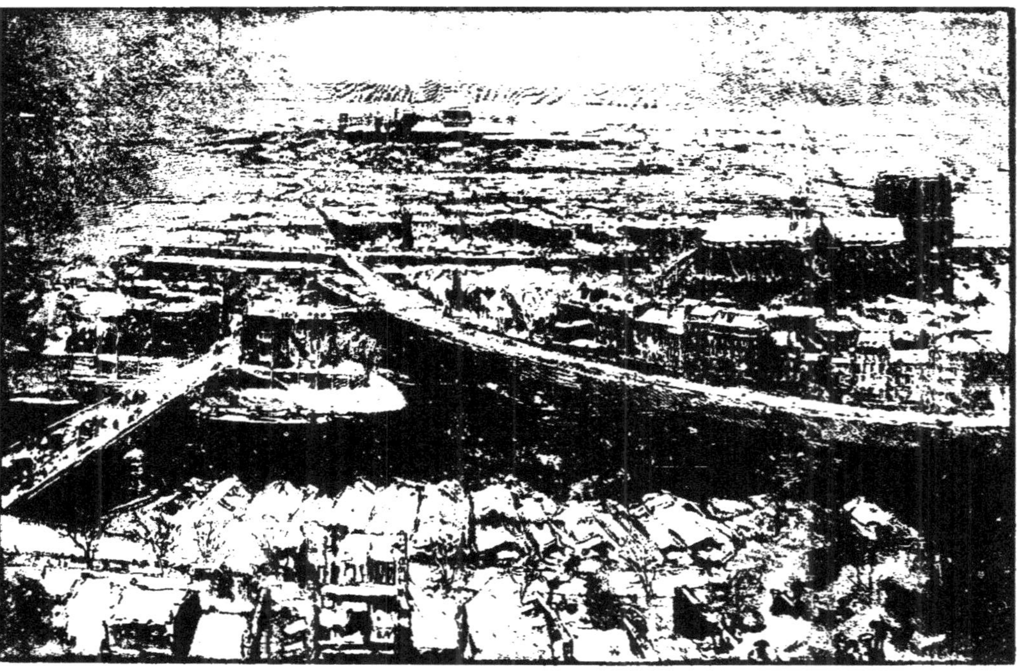

N° 704 du Catalogue.

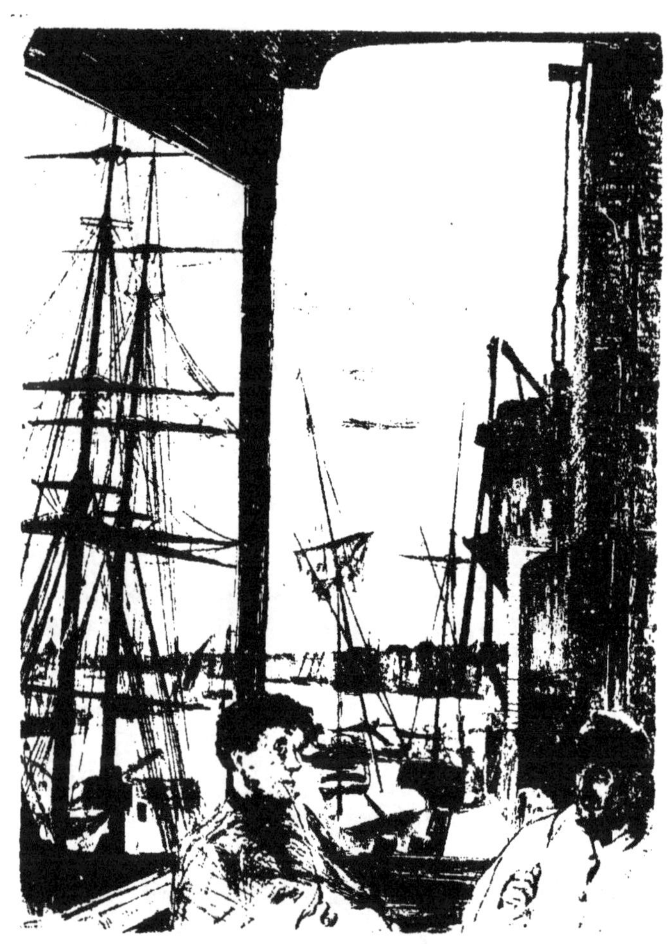

Nos 906 et 907 du Catalogue.

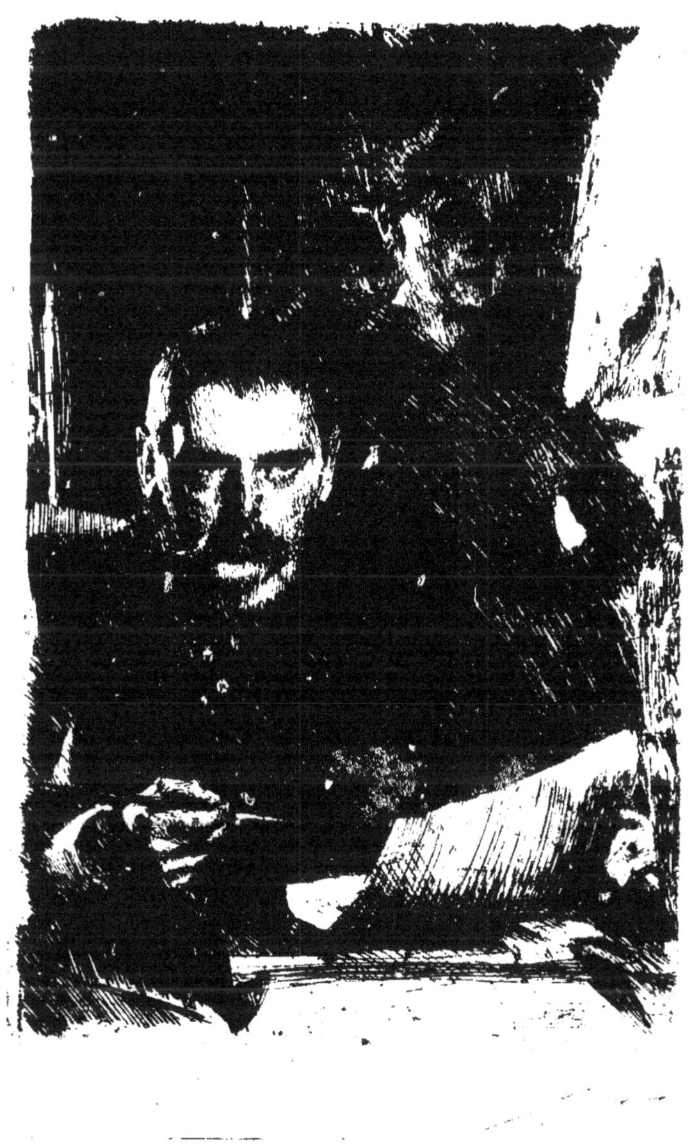

Nos 917 et 918 du Catalogue.

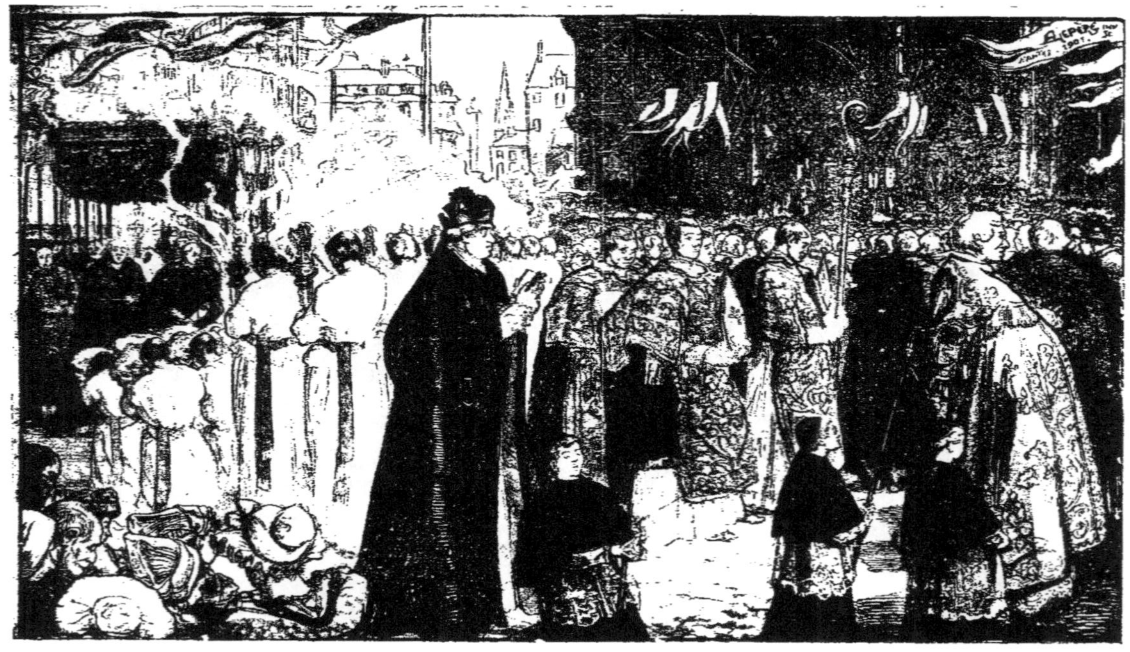

N° 705 du Catalogue.

PENNELL (J.)

768. Lincoln's dm. Très belle épreuve, *signée.*

769. L'Eglise San Juan, Tolède. Superbe épreuve, *signée.*

770. Une Rue de New-York ? Très belle épreuve sur japon, *signée.*

PIGUET (R.)

771. La Femme au Manchon, 1885. Très belle épreuve de remarque sur parchemin.

PINCHON (R.)

772. Cheval de Chasse — Habit Rouge — Valet de Chiens — Piqueux. 4 eaux-fortes imprimées en couleurs. Très belles épreuves *numérotées* et *signées.*

PINET (Charles)

773. Le Pont-Neuf sous la neige. Très belle épreuve, *signée.*

PISSARRO (Camille)

774. Prairie et Moulin à Osny. Très belle épreuve, *signée* et *numérotée.*

775. Soleil couchant — L'Oise à Pontoise. Deux pièces. Très belles épreuves, *signées.*

776. La Vachère au bord de l'eau. Très belle épreuve, *signée* (n° 5).

PORTRAITS

777. Artistes : Guérard (H.) — Laurens (J. P.) — Liardo (F.) — Steinlen (Th. A.) — Manet — Jacquemart (J.), 8 pl.

778. Daumier — Gavarni — Delacroix — M. Borrel, 8 pl. par Boulard, Boilvin, Gigoux, Villot, Borrel, la plupart en *épreuve d'état.*

779. Lacordaire (R. P.), par Dien, d'apr. H. Flandrin — Mme Gatteaux, par Dien, d'apr. Ingres — Guizot — Mlle Mars, par Maurin — Mlle Georges, par F. Lignon — Scheffer (Ary). Six pl. Belles épreuves (3 *avant la lettre*).

780. Elisa de Lamartine, par T. C. Regnault — Robert Fleury, par Dubouchet — Sauvageot (A. Ch.), par H. Dupont — Talma, par Lignon — Aug. Delâtre, par Eug. Delâtre — Louis XVIII. Six pl. Belles épreuves.

781. B. de Saint-Pierre (J. H.) — Balzac — Paul de Kock — Louise Collet, etc. Sept pl. par ou d'après Ribault, Bertall, L. Flameng, Leguay, Winterhalter.

782. Me Catalani — Lavater — Sicard, instituteur de sourds-muets — Louis XVIII — Pétion — Bailly, maire de Paris. 6 planches par ou d'après Schiavonetti, Roy, Levachez, Monet, etc. Belles épreuves (4 *impr. en couleurs*, 2 *coloriées*).

783. Desboutin, par lui-même — Van Muyden, par lui-même, 2 pl. — Portrait de femme, par L. Flameng — Mme de Sévigné, le Cardinal de Retz, Pascal, La Bruyère, Malherbe, 7 pl. par Delannoy, Foulière, etc. 11 pl.

784. Me Devauçay — Mlle Sontag — Paul de St Victor — Léon XIII — Guillaume Ier — Etc. 6 planches par ou d'après Léop. Flameng, Ingres, P. Delaroche, Morse, Lepère. Belles épreuves.

785. Henri IV, par Jazet — S. A. I. Marie Feodorowna, Impératrice de Russie — Marie, Princesse de Pologne, Reine de France — Le Duc d'Enghien, par Nodrac, d'apr. Augustin — Napoléon — Marie-Louise — La Reine Hortense, par Blanchard, d'apr. Girodet — Souvarow, etc. Ensemble 9 planches. Très belles épreuves (4 avant lettre).

786. Mirbel (Mᵉ de), par Henriquel Dupont, d'apr. Champmartin — Guizot — Sarah Bernhardt, d'après Bastien Lepage. 3 planches, 2 avant la lettre.

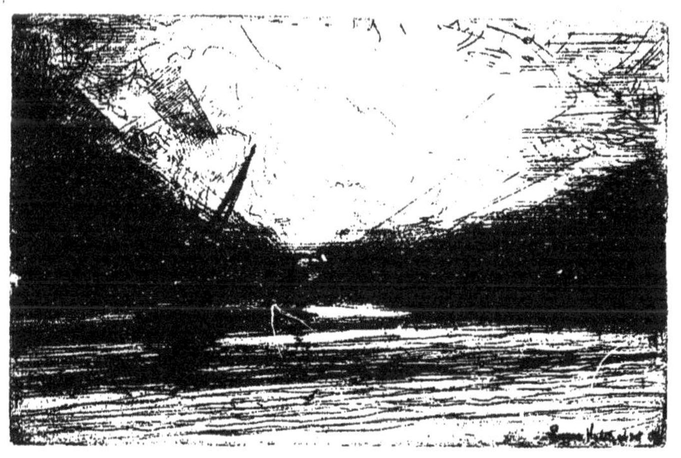

Nᵒ 578 du Catalogue.

787. Mᵐᵉ de Staël — Webster (Benjamin) — Chateaubriand — Marie-Amélie — Le Prince Eugène Napoléon — Portrait de femme du XVIIIᵉ, etc. 9 planches par Muller, Meyer, Burney, Hedouin, Grevedon, etc. Belles épreuves, plusieurs d'états.

788. Portraits de la Collection des Classiques (édition Hachette). Vingt-sept pièces par Tony Goutière, Desvachez, Weber, G. Lévy, etc. Très belles épreuves, en majorité en *épreuves d'état*, sur chine.

RAFFAELLI (J. F.)

789. Raffaëlli, par lui-même. Très belle épreuve, *signée*.

790. La Route aux grands Arbres. Très belle épreuve *impr. en couleurs, signée* et *numérotée.*

791. Les Bords de la Seine, près Paris. Très belle épreuve, *imp. en couleurs, signée.*

RAFFET (A.)

792. Affiche de la *Némésis* (H. G. 120). Très belle épreuve sur papier jaune, courte de marges.

793. Affiche pour l'*Algérie ancienne et moderne* (125 R.). Très belle épreuve d'un 1er état, *non décrit, avant* le nom de l'imprimeur.

794. La Revue nocturne (429). Belle épreuve du 1er tirage.

795. Portraits, croquis, planches d'albums, etc. 15 pièces.

RAJON (Paul)

796. Mrs Siddons, d'apr. Gainsborough (101). Deux superbes épreuves, une *avec dédicace.*

797. Hugo (Victor), d'apr. L. Bonnat (124). Très belle épreuve, *avant la lettre*, sur japon.

798. Rêverie, d'apr. G. Jacquet (28). Superbe épreuve, *avant toute lettre.*

799. Femme au chapeau de paille, d'apr. Rubens (91). Trois très belles épreuves d'*états différents.*

RASSENFOSSE (Arm.)

800. La Jeune Sorcière — Sortie de bal — Frontispice — La Danse. Quatre pièces. Très belles épreuves *signées.*

801 La Folie gardant la Chimère — Belle Hollandaise — Etudes. Quatre pièces. Très belles épreuves, *signées.*

REDON (Odilon)

802. Brunnhilde. Très belle épreuve sur chine.

RENOUARD (Paul)

803. Deux Danseuses — Feuille de présence — La Loge Directoriale. Trois pl. Très belles épreuves (deux *signées*).

804. Le Harpiste de l'Opéra. Trois belles épreuves *d'états différents* (2 signées).

RIBOT (Th.)

805. Portrait du peintre Vollon. Très belle épreuve. Rare.

806. La Recette du Cuisinier — Le Roi des Mines — Une grande douleur — Nature morte, etc., 10 pl. Très belles épreuves.

RIVIÈRE (Henri)

807. L'Enterrement aux Parapluies — La Guillotine. Deux pl. Très belles épreuves, la 1re *signée*, la seconde *timbrée*.

808. La Sorcière — La Baie des Trépassés — Le Croque-mort sur la Lune — Chaumières à Genainville. Quatre pl. (une avec croquis aquarellé). Très belles épreuves, *signées* ou *timbrées*,

ROBBE (M.)

809. La Source — La Femme au Chien — Le Choix de l'épreuve — Eté (éventail). 4 pl. Belles épreuves *imp. en couleurs, signées*.

ROCHEBRUNE (Oct. de)

810. La Ste Chapelle de Paris. Très belle épreuve, *timbrée*.

811. Château de Chambord — La Maison Carrée à Nîmes. 4 pl. Très belles épreuves avec *dédicace* (2 avant le titre).

812. La Rochelle : Maison du xvie s. et Façade de l'Hôtel de Ville — Château de Chenonceau — Mon de B. Fillon, à Fontenay-le-Comte, etc. 13 pl. Très belles épreuves.

RODIN (Aug.)

813. V. Hugo, de face (L. D. 7). Belle épreuve du 5e état.

814. Proust (Antonin) (10). Belle épreuve du 4e état (sur 7).

ROPS (Félicien)

815. Rops (F.), par A. de Witte et par Ch. Baude, d'apr. P. Mathey. Trois pl. Belles épreuves.

816. Ma Tante Johanna (E. Ramiro 39). Très belle épreuve du 2e état, sur papier ancien.

817. L'Oncle Claes et la tante Johanna (42), 3 états différents. Très belles épreuves sur japon, *signées*.

818. La grande Femme à la fourrure assise (46). Très belle épreuve, *signée*.

819. La grande Femme à la fourrure assise (46). Série des 4 états, soit 4 pièces. Très belles épreuves (3 sur japon).

820. La Femme au Trapèze (53). Très belle épreuve du 2e état, *avant* de nombreux travaux.

821. Metella (56). Très belle épreuve sur japon, *signée*.

822. L'Ariette (63). Deux très belles épreuves *d'état différent*.

823. Misanthropie (70). Très belle épreuve sur japon, *signée*.

824. Le Rydeack (87). Très belle épreuve, *signée*.

825. Vieux Faune (96). Superbe épreuve, *signée*.

826. Les Laveuses (110). Très belle épreuve sur japon, *signée*.

827. Le Pot au lait (133). Très belle épreuve, *signée*.

828. Ma Goutte (137). Très belle épreuve *d'état*, *signée*.

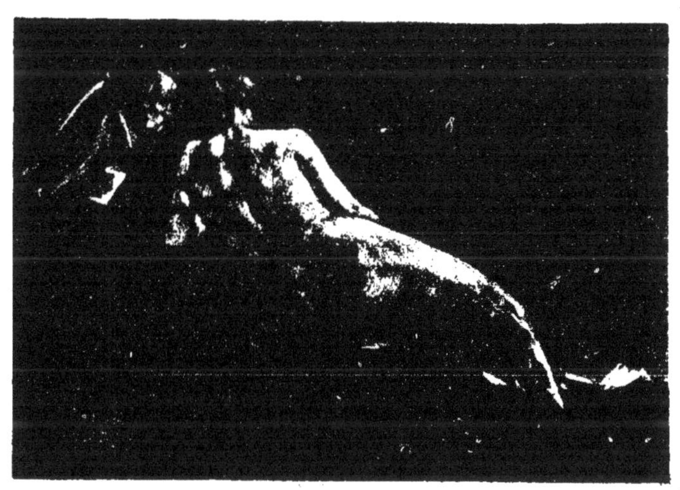

N° 866 du Catalogue.

829. Frontispice des *œuvres inutiles et nuisibles* (145). Très belle épreuve sur japon, *avec légendes manuscrites* de Rops, en marge.

830. Douce Folie (147). Très belle épreuve, *signée*.

831. Le Sphynx, grande pl. (149 *bis*). Très belle épreuve, *signée*.

832. Juillet (153). Superbe épreuve sur japon, *signée*. Collection A. T.

833. Remparts (160). Très belle épreuve sur japon, *signée*.

834. Mademoiselle de Maupin (162). Très belle épreuve, *signée*.

835. La Foire aux Amours, petite pl. (164). Superbe épreuve, *rehaussée par l'artiste, signée*.

836. Impudence (187). Très belle épreuve, *rehaussée par l'artiste*.

837. L'Avocat (205). Très belle épreuve, *signée*.

838. La Belle Madame X (217). Très belle épreuve du 2e état (sur 3), sur japon, signée.

839. Diane et la Femme au corset noir (229-230). Belle épreuve.

840. La Dame au cochon (239). Superbe et très rare épreuve du 1er état, *rehaussée par l'artiste, signée*.

841. La même estampe. Très belle épreuve du 2e état, *rehaussée par l'artiste, signée*. Collection A. T.

842. A Toi, Caporal! (240). Très belle épreuve sur japon.

843. La Volupté (254). Superbe épreuve, *signée*.

844. L'Organiste du Diable (256). Très belle épreuve sur japon.

845. Le Pêcher mortel (266). Superbe épreuve sur japon, *signée*.

846. La Marchande d'Oiseaux (269). Très belle épreuve, *rehaussée* par l'artiste.

847. La Chute d'un ange (277). Très belle épreuve avec *légende manuscrite* de Rops.

848. Offertoire (280). Très belle épreuve.

849-850. Frontispices : Les Amusements des Dames de Bruxelles (353) — Chansons badines, de Collé (354) — La Ste Chandelle d'Arras (400) — La Messe de Gnide (410) — La Sphère de la Lune (434) Très belles épreuves sur japon.

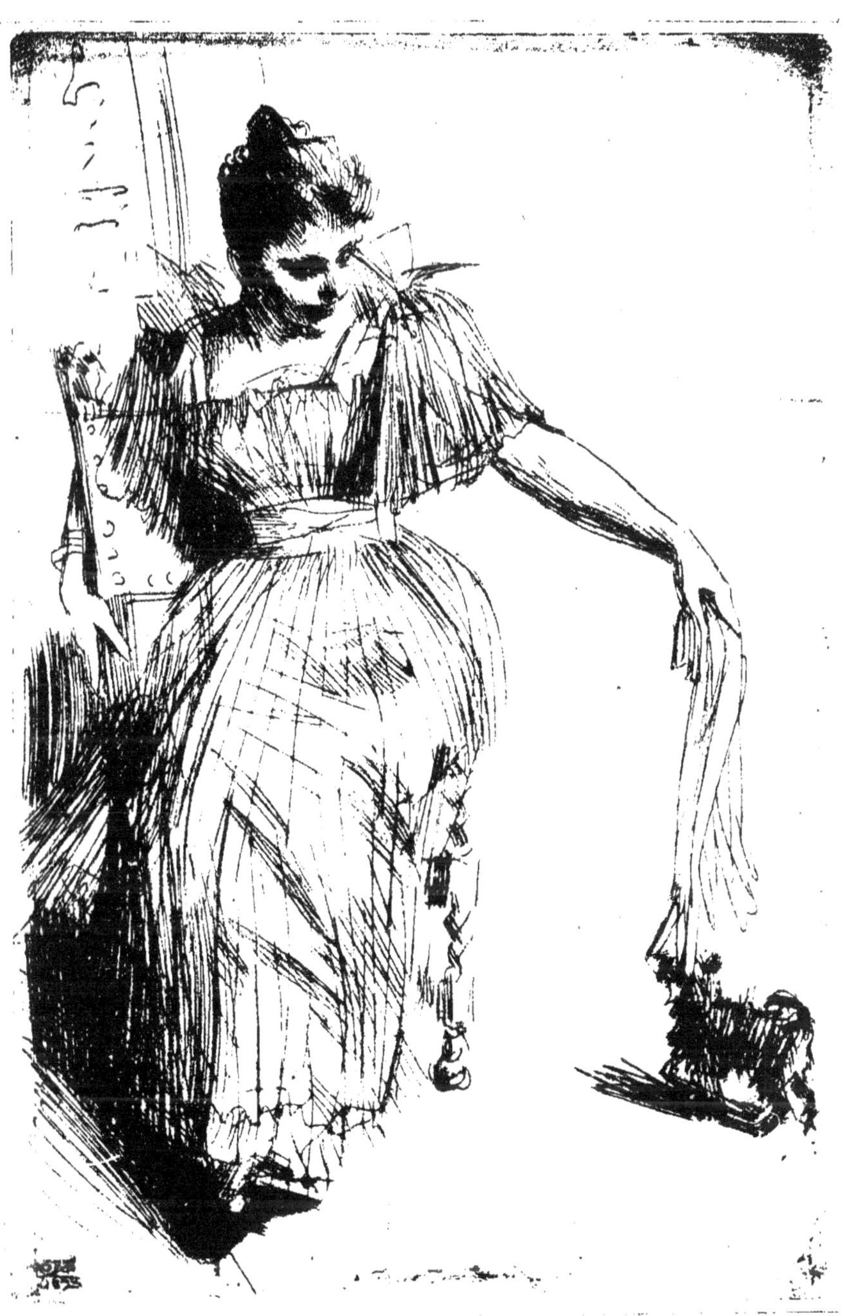

N° 938 du Catalogue.

851-852. Frontispices : Chansons badines, de Collé (354), 1er état — Catéchisme des gens Mariés (401) — Le Roman d'une nuit (418). Trois pièces. Très belles épreuves.

853. Les Cousins de la Colonelle (369). Très belle épreuve *avec* les croquis, sur japon, *signée*.

854. Les Cythères Parisiennes (395). Très belle épreuve de la pl. d'ensemble, *avant* l'adresse de l'imprimeur (piqûres), *signée*.

855. La Fleur lascive orientale, grande pl. (403). Très belle épreuve.

856-857. Frontispices : Les Epaves (349) — Rimes de joie (412) — Exercices de dévotion de M. Roch (447), petite pl. Trois pl. Belles épreuves, une *imp. en couleurs*.

858. La Femme à la fourrure debout (415). Très belle épreuve, *avec les croquis*, *signée*.

859-860. Frontispices : Le Vice suprême (428) — Curieuse (427) — L'Incantation sentimentale (635) — Bas-fonds de la Société (423). Quatre pièces. Belles épreuves (3 sur japon).

861. L'Evocation ou l'Incantation (443). Superbe épreuve sur japon, *signée*.

862. La Vie élégante, héliogravure (446). Très belle épreuve, *signée*.

863. Peuple (555). Superbe épreuve, *signée*. Collection A. T.

864. Plénipotentiaire (557). Très belle épreuve sur japon, *signée*.

865. La Messagère du Diable (561). Superbe épreuve.

866. Ecce Homo ou la Justicière (579). Très belle épreuve sur japon, *signée*.

868. La Pudeur de Sodome, grande pl. (638). Très belle épreuve, *signée*.

869. La Pudeur de Sodome, petite pl. (638). Deux très belles épreuves, *signées*, une *retouchée*.

870. Frontispice pour l'*Imprudence d'aimer* (660). Superbe épreuve *avec les croquis*, *signée*.

871. La grande Lyre (678). Très belle épreuve *avec les croquis*.

872. La Muse de Rops. Superbe épreuve *avec* les croquis, *signée*.

873. Le Traité de Chasteté. Très belle épreuve sur japon, *signée*.

874. La Feuille de Vigne — Holocauste. Deux pl. Très belles épreuves.

875. Etude pour la Tentation de St Antoine. Très belle épreuve.

876. Adresse, lettrines, petite Sorcière, etc., 6 pl. y compris une photographie.

877. Frontispices divers. Six pièces. Très belles épreuves.

878. Chez les Trappistes (178 des lith.). Très belle épreuve sur chine.

ROUSSEAU (Théodore)

879. Vue du plateau de Bellecroix (Loys Delteil 3). Superbe épreuve sur japon. Collection A. Lebrun.

880. Chênes de roche (4). Très belle et très rare épreuve *d'essai* du 1er état. Collection A. Lebrun.

881. Paysages, 9 fac-simile.

ROUSSEAU (Emile)

882. Sévigné (Mme de), d'apr. R. Nanteuil. Très belle épreuve sur chine.

RUOTTE (L. C.)

883. Eugène Napoléon, Vice-roi d'Italie — Joachim Napoléon, Roi de Naples et de Sicile. Deux pièces d'apr. Chinard et Gros, se faisant pendants. Très belles épreuves, *coloriées*.

RUOTTE (L. C.) — CARONNI (P.)

884. Louis Napoléon — Jérôme Napoléon. Deux pièces. Très belles épreuves, *avant la lettre*.

STEINLEN (Th. A.)

885. Chanteurs des Rues. Très belle épreuve, *signée*.

886. Le Tombereau. Très belle épreuve, *signée*.

887. Retour du lavoir (l'Estampe nouvelle). Très belle épreuve *tirée en 2 tons*, *timbrée* et *numérotée*.

888. L'Honnête Ouvrier — Le Triomphe de l'Argent — Pilori des Masques, 3 lithographies. Très belles épreuves, numérotées et signées.

889. Tirages à part du *Gil Blas Illustré*, 21 pl.

STOBER (F.)

889 *bis*. Le Duc de Reichstadt, sur son lit de mort, d'apr. Ender. Très belle épreuve.

SYLVESTRE (J. E.)

890. Sujets de Femmes, 13 pl. Très belles épreuves, *signées*.

TISSOT (J.)

891. L'Histoire ennuyeuse (H. B. 25). Très belle épreuve sur papier ancien, *signée* et *timbrée*.

TURNER (Charles)

892. Louis XVIII — Angoulême (Duc et Duchesse d'). Trois pièces d'apr. H. Villiers. Superbes épreuves *avant toute lettre*, toutes marges.

VALLOTTON (F.)

893. Les Chanteurs — Au Violon — Les petites Filles — Berlioz, etc., 8 pl. Belles épreuves.

VERNET (d'apr. C.)

894. Le Coup de Vent, par Le Charpentier. Belle épreuve.

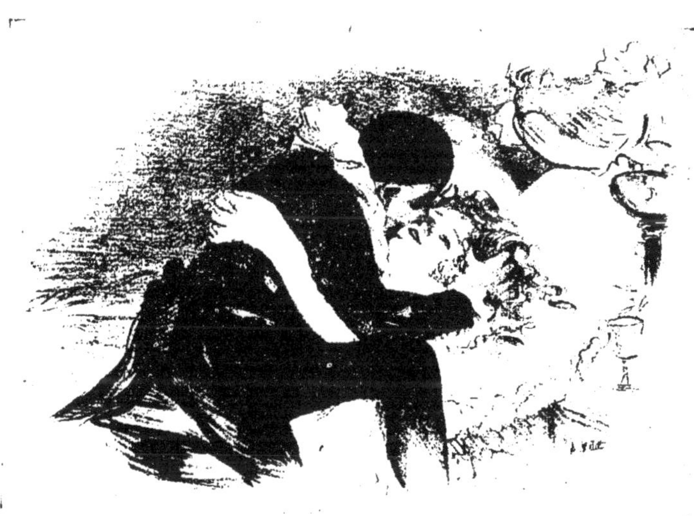

N° [illegible] du Catalogue.

WALTNER (Ch. Alb.)

895. Le Baron de Vicq (H. B. 1). Deux belles épreuves, *avant la lettre*, une *signée*.

896. Le Vase de Chine, d'apr. Fortuny (48). Très belle épreuve, *avant la lettre*, sur parchemin.

897. Lady Camden, d'apr. J. Reynolds (107). Superbe épreuve *d'essai*, sur japon pelure.

898. Salomé, d'apr. H. Regnault (132). Très belle épreuve *d'essai*, sur japon, *signée*.

899. Sarah Bernhardt, d'apr. Bastien-Lepage. Superbe épreuve sur parchemin, *avec remarque, signée.*

WHISTLER (J. M. Neill)

900. La Soupe à quatre sous (27). Très belle épreuve.

901. Thames Warehouses (35). Très belle épreuve.

902. Tyzac, Whitley et Cie (Eagle Wharf) (39). Très belle épreuve sur japon.

903. Blac Lion Wharf (40). Très belle épreuve.

904. The Pool (41). Très belle épreuve.

905. Thames Police (46). Très belle épreuve.

906. Rotherhite (60). Très belle épreuve.

907. La même estampe. Très belle épreuve.

908. La Forge (63). Belle épreuve.

909. L'Auberge d'Adam et Eve, au vieux Chelsea (144). Très belle épreuve sur chine.

WILLETTE (Adolphe)

910. Le Baiser. Très belle épreuve *tirée en bistre, signée.*

WINTERHALTER (d'après F.)

911. Her Most Gracious Majesty, the Queen (Victoria), par Forster, 1846. Très belle épreuve.

WITTE (A. de)

912. Portrait — La Lessive — Sommeil. Trois pl. Très belles épreuves.

913. Portraits et Sujets divers. Huit pl. Très belles épreuves.

WOLFF (H.)

914. Bustes d'homme et de femme, 2 pl. *signées.*

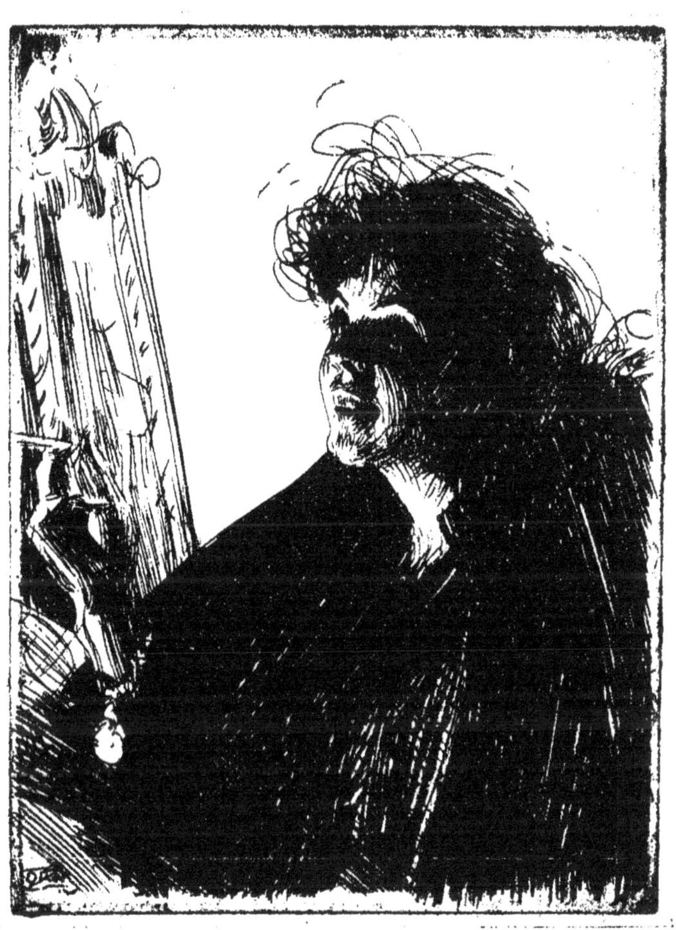

N° 922 du Catalogue.

ZORN (Anders)

915. Les deux Cousines (Loys Delteil 6). Superbe épreuve, *signée*.

916. Carte du Jour de l'An 1890 (37). Très belle épreuve, *signée*. Fort rare.

917. Zorn et sa Femme (42). Superbe épreuve sur japon. *signée*.

918. La même estampe, en même condition.

919. Dans l'Atelier (48). Superbe épreuve sur japon. Très rare.

920. Le Pêcheur (53). Magnifique et très rare épreuve du 1er état.

921. Max Liebermann (55). Superbe et très rare épreuve du 1er état, *signée*.

922. La Dame à la cigarette, 1re planche (61). Superbe épreuve. L'UNE DES 3 ÉPREUVES CONNUES.

923. Le Réveil (64). Superbe épreuve. Rare.

924. Simon (Mme), 2e planche (66). Très belle épreuve.

925. En Omnibus (71). Superbe et très rare épreuve du 2e état, *avant* quelques travaux, *signée*.

926. Ernest Renan (72). Superbe et très rare épreuve du 4e état, *avant* les mots : *d'après nature*, *signée*.

927. Mlle Olga Bratt (73). Magnifique et fort rare épreuve du 1er état, *signée*.

928. Mme Gerda Hagborg (76). Superbe épreuve. De toute rareté.

929. Rosen (Comte de) (77). Très belle épreuve, *signée* (petite tache en marge).

930. Le Toast, 2e planche (80). Magnifique et rarissime épreuve du 1er état.

931. La même estampe. Superbe et rare épreuve du 3e état, *avant* les derniers travaux.

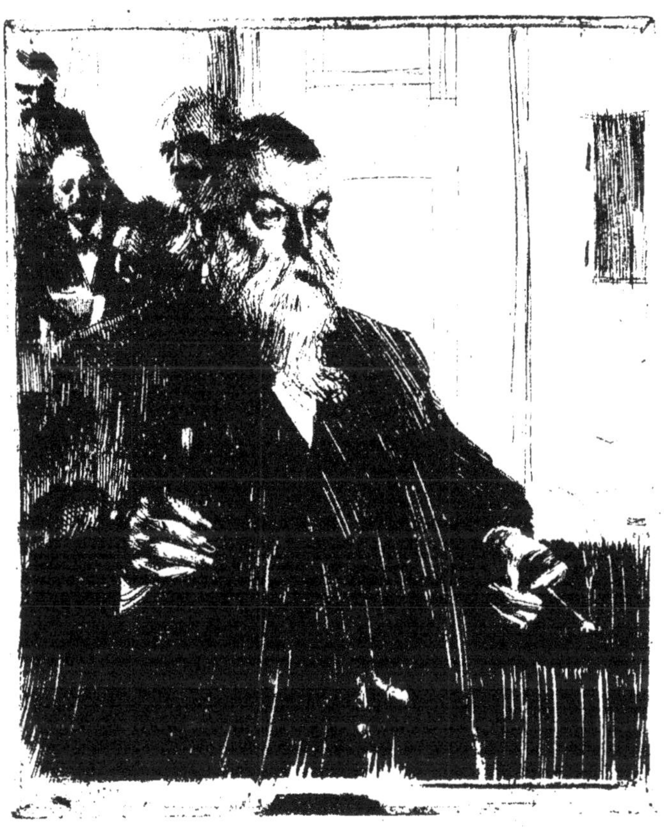

N° 930 du Catalogue.

932. La Vénus de la Villette (82). Superbe épreuve, *signée.*

933. Paul Verlaine, 1re planche (92). Belle épreuve, *signée.*

934. Paul Verlaine, 2e planche (93). Superbe et fort rare épreuve du 1er état, *signée.*

935. M. et Mme Pontus Furstenberg (96). Superbe et fort rare épreuve du 1er état, *signée.*

936. Albert Besnard et son modèle (103). Superbe épreuve.

937. Paris, effet de nuit, 3e planche (140). Superbe et très rare épreuve du 2e état, *signée.*

938. Cleveland (Mme), 2e pl. (144). Très belle épreuve, *signée.*

939. Zorn et son modèle (148). Superbe épreuve, *avant* la retouche à la moustache, *signée.*

940. Mlle Emma Rassmussen (182). Superbe épreuve, *signée.*

ZULOAGA (I.)

941. Manolas. Très belle épreuve tirée sur papier verdâtre.

DESSINS

BOUTET DE MONVEL (B.)

942. Homme assis dans un intérieur. Aquarelle, *signée* et datée : 98.

CAZALS (F. A.)

943. Verlaine, malade, sur son lit. Aux crayons noir et bleu, avec rehauts, *signé* et daté : 94.

GAVARNI

944. Types de vieilles. Deux croquis à la plume.

HAMON (J. L.)

945. Jeune Fille aux oiseaux. A la mine de plomb.

ÉCOLE ITALIENNE (XVIIIe siècle)

946. Vues de Venise. Deux dessins à la plume.
L. (de chaque dessin) 585. H. 395.

HELLEU (P.)

947. Liseuse. Pastel. *Signé*.

HUARD (Charles)

948. Vieux Marin. Crayon noir. *Signé*.

LALANNE (Maxime)

949. Rue Kérion, à la mine de plomb, signé.

950. Coin de Jardin. Fusain. *Signé*.

LANÇON (Auguste)

951. Lions, lionnes et ours. Sept dessins à la plume. *Signés* ou *griffe* de la vente.

RASSENFOSSE (A.)

952. Etude de Femme. Crayon noir. Signé du monogramme.

ROBERT (Fanny)

953. Portrait d'Homme. Fusain. Signé et daté : 1821.

STEINLEN (Th. A.)

954. Le Débutant. Crayon, encre de chine et rehauts de bleu. *Signé.*

955. Vieux Pochard. Crayon et encre de chine avec rehauts de bleu. *Signé.*

956. La Correspondance cassée. Crayon et encre de chine avec rehauts de bleu. *Signé.*

VANTEYNE

957. Paris, vu de Montmartre. Aquarelle *signée* et datée : 1893.

H. 155. L. 240.

WITTE (A. de)

958. Vieille femme en buste. A la plume et à l'encre de chine, *signé.*

959. Sous ce numéro, il sera vendu des estampes et des dessins non catalogués.

FRAZIER-SOYE

Graveur-Imprimeur

153-155-157, Rue Montmartre

PARIS

www.ingramcontent.com/pod-product-compliance
Ingram Content Group UK Ltd.
Pitfield, Milton Keynes, MK11 3LW, UK
UKHW021544260726
13993UKWH00002B/615

9 782329 545745